JN250483

自分でできるメンタル調整法

野球こんなときどうする?

スポーツメンタルトレーナー
高畑好秀 著

体育とスポーツ出版社

はじめに

どんなスポーツでも、メンタルが重要なのは言うまでもありません。とくに野球の場合は、ワンプレーワンプレーが途切れるため、それぞれの瞬間にメンタルの変化が起こります。また、イニングを重ねていくなかで状況や流れが刻々と移っていくため、それに合わせてメンタルも変わっていきます。

このように、野球はメンタルの影響を受けやすいスポーツなので、その分だけ〝いかに精神面を鍛えるか〟が重要になってきます。なぜなら、毎日厳しい練習を重ねて実力を高めても、それを試合のときに発揮できなければ、宝の持ち腐れになってしまうからです。

自分の実力を出しきっての力負けであれば納得がいくし、次に向けて前向きに進んでいけますが、練習でできたことが本番でできなかった場合は、「次の試合でも同じことの繰り返しではないか」という不安が心を支配してしまうのです。

本書では、メンタルが動きやすいさまざまな場面を想定して、そのときに自分自身の心をいかにコントロールしていけばいいのか、またそのために普段からどんな準備をする必要があるのかについて紹介しています。

緊張する場面、不安やプレッシャーに押しつぶされそうな場面、心のなかに迷いや悩みが生じる場面……そういったシーンに直面したとき「何をどうすればいいのか」「どのような考え方をすればいいのか」について説明しています。

本書が、中学や高校で大好きな野球に真剣に取り組んでいながら、力を出しきれずに悩んでいる球児たちの助けとなることを願っています。また、野球を通して、何事にも動じない強いメンタル力を身につけることを期待しています。

＊

本書は、一つのシーンについて4ページで構成しています。

◎1ページ目：ピンチの場面を設定しています。次のページに進む前に、自分だったらどうするかを考えてみてください。

◎2ページ目：メンタルで〝負ける選手〟の特徴について解説しています。

◎3ページ目：〝負ける選手〟の様子を4コマまんがで表現しています。

◎4ページ目：勝つためにはどうしたらいいかを提案しています。

どうか自分の経験に照らし合わせて、実際のシーンをリアルに想像しながら読み進めていってください。

Contents

野球——こんなときどうする？

第1章 技術とメンタル

第2章 こんなときどうする？ 試合編

第3章 こんなときどうする？ 試合前・練習編

第4章 ふだんからできるメンタル強化法

第1章

技術とメンタル

チーム戦術から生まれた攻撃的な走塁

野球ではピッチャーが投じる1球ごとに戦況が変化し、チャンスが巡ってきたりピンチに陥ったりします。本書は、『野球 こんなときどうする?』というタイトルが示すとおり、ピンチを迎えたときどう対処していくかをレクチャーします。詳細は次章以降に譲るとして、本章では、ピンチの場面がクローズアップされた二つのプロ野球の試合を取り上げ、その対処法について考察してみます。

最初にご紹介するのは、1987年11月1日、読売ジャイアンツ対西武ライオンズの日本シリーズ第6戦、西武球場での試合です。この日までの対戦成績は3勝2敗で西武がリードし、日本一に王手をかけて臨んだ一戦でした。

試合は西武が工藤公康投手、巨人は水野雄仁投手の先発で始まり、0対0のまま2回裏西武の攻撃。ワンアウト二塁で、バッターの打球はセンターのウォーレン・クロマティ選手への大飛球となりました。

さて、ここで読者のみなさんへ第一の質問です。もし、あなたがセンターを守っているとしたら、フライを捕ったあとどんなプレーを心掛けるでしょうか。

この場面では、常識的には二塁ランナーがタッチアップしても三塁までで、ホームへ走るとは考えられません。ですから、センターは打球を捕球したなら、すばやくボールを中継に入った内野に返球するのがセオリーです。

クロマティ選手も背走してフライを好捕し、すぐさま返球したのですが、ボールがそれてカットマンのショートではなく篠塚和典二塁手へ。このとき二塁ランナーの清原和博選手は、伊原春樹三塁ベースコーチの指示で、なんと三塁を回って一気に本塁へ向かっていました。

ところが、セカンドの篠塚選手は、清原選手が本塁へ走っているのにも、原辰徳三塁手がホームへ投げるように指示しているのにも気づかず、三塁へ送球。ボールを受けた原選手は、あわててキャッチャーへ投げるも間に合わず、清原選手のホームインを許してしまったのです。

じつはこの試合では、もう一つ似たようなシーンが繰り返されたのです。それは、西武が2対1でリードして迎えた8回裏、ツーアウト一塁で、バッターの打球はセンター前ヒットとなりクロマティ選手が捕球体勢に入った場面でした。

ここで第二の質問。前問と同様に自分がセンターだとしたら、ゴロを捕球したあと、どんなプレーが求められるでしょうか。この場面も、ランナー一塁でセンター前ヒットですから、通常ではランナーの進塁を許したとしても三塁まで。ですから、センターは三塁手か中継に入る内野手へ返球すればいいわけです。

ところが、クロマティ選手は、中継に入った川相昌弘遊撃手へ山なりのボールを返球。加えて、川相選手が打者走者を二塁に進塁させないことに気を取られている間に、一塁ランナーの辻発彦選手は本塁へと駆け抜けていきました。

当時のマスコミでは、クロマティ選手の緩慢なプレーだけが問題視されましたが、原因はそれだけではありませんでした。

辻さんの著書（『プロ野球　勝ち続ける意識改革』青春新書インテリジェンス）によると、西武の試合前のミーティングでは、巨人の守備の弱点（とくにセンターのクロマティ選手の内野への山なりの返球）が指摘されていたそうです。

事実、8回裏の攻撃では、打球がセンター前へ抜けた瞬間から伊原コーチは勢いよく腕を回し続け、辻選手もそれに呼応。迷うことなく三塁を蹴ってホームまで疾走しました。まさしく、巨人の弱点を突くという意思が西武の選手全員に統一されていたからこそ、成し得たプレーだったのです。

絶体絶命のピンチにおける江夏投手の投球術

次にご紹介するのは、プロ野球のオールドファンの間で、「江夏の21球」として熱く語り継がれている試合です。舞台となったのは、1979年11月4日の大阪球場。広島東洋カープと近鉄バファローズが対決した日本シリーズは、3勝3敗の五分の戦績で第7戦までもつれ込みました。

試合は6回に広島が4対3とリードすると、7回途中から絶対的守護神の江夏豊投手がリリーフしたまま、9回裏の近鉄の攻撃を迎え撃つことになりました。

ところが、江夏投手は、先頭バッターに初球をセンター前に痛打されると、その後は盗塁（キャッチャーの悪送球で三塁へ）・敬遠気味の四球・盗塁・敬遠と続き、瞬く間にノーアウト満塁という絶体絶命のピンチを招いてしまいました。

さて、ここで第三の質問です。こんな場面で、読者のみなさんは平常心を保つことができるでしょうか。

外野フライで同点とされ、スクイズも警戒しなければなりません。もしヒットを打たれたら、シングルでも打球のコースによってはサヨナラ負けとなってしまうわけですから、自分の感情をコントロールするのは至難の業です。

江夏さんの自伝（『左腕の誇り』新潮文庫）によると、「点を取られるなら打たれたほうがまし。打つなら打ってみろ」と度胸を据えることができたそうです。

その後は、代打の切り札・佐々木恭介選手を三振に打ち取り、迎えたバッターは1番の石渡茂選手。初球見逃しのストライクのあとの運命の19球目、江夏投手は、石渡選手のスクイズの構えとキャッチャーの水沼選手が立ち上がるのを見ると、ストライクゾーンを大きく外し、ランナーはホーム手前でタッチアウト。
続けて、石渡選手をファールでノーボール・ツーストライクと追い込んだあとの21球目、落ちるカーブで三振を奪ってゲームセット。広島に球団史上初の日本一をもたらしました。

江夏投手が絶体絶命のピンチを防ぐことができたのは、ピンチの場面で気持ちを切り替えることに成功したほか、じつは技術的な裏づけもあったのです。

前述した石渡選手への投球は、のちに意図して投げたか、たまたまそうなったかで物議をかもしましたが、山際淳司さんの「江夏の21球」（『スローカーブを、もう一球』角川文庫に収録）によると、江夏投手は、往年の大投手・金田正一さんから教わり、投球モーションに入ってから腕を振りおろす直前にバッターを見る習慣が身についていたそうです。

こうした技術を身につけていたからこそ、ピンチの場面で冷静に対処し、咄嗟の判断でカーブの握りのままボールを大きく外すことができたわけです。

頭を使えばメンタルは強くなる

この2試合において、巨人がピンチを防ぐことができずに優勝を逃し、江夏投手がピンチを防ぎ日本一を勝ち取った違いはどこにあったのでしょうか。

巨人の守備陣のほころびは、「一塁ランナーがタッチアップでホームにいくはずがない」「一塁ランナーがシングルヒットでホームにいくはずがない」という固定観念にとらわれ、想定外の事態に対処できなかったことにあります。ピンチを防げなかったというよりも、むしろピンチが潜んでいることに考えが及ばなかったといえるかもしれません。

ですから、野球ではふだんから考えながら練習に取り組む必要があります。たとえばバント処理の練習で、なにも考えずにハーフフライをノーバウンドで捕る練習を繰り返していると、実際の試合で、わざとワンバウンドさせてダブルプレーを取るという発想が瞬時に浮かんでくることはありません。

また、ダブルプレーの練習で、間に合わないのに無理に送球しているようでは、試合で暴投してしまうことになりかねません。間に合わない場合は、あえて送球しないということを練習で取り入れてもいいはずです。こうした惰性のプレーを繰り返していると、ピンチを招くことになるのです。

ここで力説したいのは、頭を使うことはメンタル強化につながるということ。辻選手が迷うことなく一塁から一気にホームまで戻ってこれたのは、事前に相手チームを研究していたからです。弱点を把握し、心理的に余裕をもっていたからこそ、積極的なプレーを展開することができたのです。

江夏投手も、バッターの出方を見て瞬時の対応ができるよう練習を積んでいただけでなく、ふだんから熱心にバッターの研究に取り組んでいました。

先に紹介した『左腕の誇り』には、スコアブックを借りてきてはノートを取り、相手バッターのストライクゾーンの強いところ、弱いところ、ボール球に手を出すコースといった特徴を分析し、バッター心理をとことん調べあげていたエピソードが紹介されていますが、頭を使っているからこそ、バッターに優位な立場で対峙（たいじ）することができたのです。

メンタルの弱い選手は、ピンチを迎えると、感情に振り回されてしまう傾向にあります。そんなときは、理性によって感情を抑える必要があります。

理性を働かせるためには、プレーに集中している自分のほかに、もう一人の自分を想定し、客観的に観察したり分析することが大切になります。つまり、もう一人の自分が、動揺している自分に冷静さを取り戻させるわけです。

本書では、ピンチの場面での対処法をいろいろと伝授してありますので、ぜひ参考にして、プレイヤーとして成長していただきたいものです。

※この2試合は、「YouTube」で「1987年日本シリーズ清原と辻の好走塁」「江夏の21球」で検索すれば、それぞれの場面を観ることができます。

第2章

試合編

こんなときどうする?

この章では、試合中に直面しそうな16種類のピンチの場面について考えてみましょう。

ピッチャー(シーン❶～❻)、キャッチャー(シーン❼、❽)、野手(シーン❾～⓫)、バッター(シーン⓬～⓯)、ランナー(シーン⓰)の順番で問題の場面が登場します。

起ち上がりを意識してマウンドに上がるが……

試合開始！　万全の準備をして自信満々でマウンドに上がるが、やはり起ち上がりには独特の雰囲気があって……

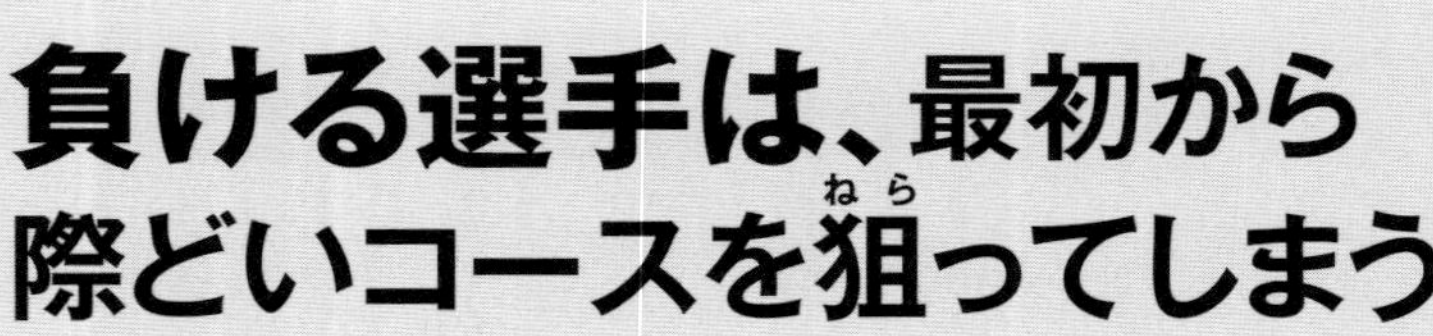

負ける選手は、最初から際どいコースを狙(ねら)ってしまう

野球は得点を競うスポーツですから、先取点のゆくえが試合の勝敗を大きく左右します。そのためピッチャーには「先に点を取られたくない」という意識が働き、それがプレッシャーとなり、スムーズな起ち上がりをはばむことになります。

この「点を取られたくない」という気持ちは、選手だけでなくコーチも共有しており、コーチによっては「点を取られるんじゃないぞ」とよけいなプレッシャーを与えてしまうこともあります。

こうした状況下に置かれて、ピッチャーはバッターに打たれたくないという思いが強くなりすぎるため、つい際どいコースを狙って投げるようになってしまいます。ところが、まだ**心身ともに試合に慣れていないなかで高度なプレーをしようと思っても、ボールを上手にコントロールするのは難しく、容易にストライクを取ることはできません**。

ストライクが入らないと、ピッチャーはどんどん萎縮(いしゅく)してしまい、さらにコントロールを乱すことになります。そして、フォアボールを連発するなど苦しい状況に追い込まれ、しまいには〝球を置きにいく〟感じで投げてしまい、バッターに痛打されてしまうわけです。負ける選手は、**起ち上がりから難しいことをやろうとして、自滅してしまう**のです。

SCENE 1 起ち上がりを意識して
マウンドに上がるが……

はじめからコースを狙うと、ストライクが入らず精神的にどんどん追い込まれていく

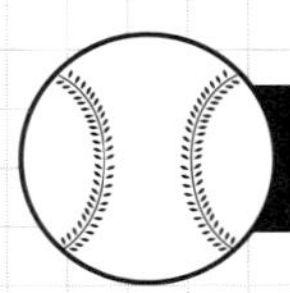

こうすれば勝てる！

“腕を振って投げる”という簡単なことから始める

ピッチャーの起ち上がりが難しいのは、「点を取られてはいけない」というプレッシャーのほか、マウンドの状態にすぐに適応できないということも大きな要因となります。マウンドは、球場ごとに土の硬さや傾斜が異なるので、どうしても最初はしっくりこないものなのです。

ピッチングは非常にデリケートなもので、こうしたちょっとした感触の違いだけで、力を十分に発揮することができないことがあります。

勝つ選手は、**はじめからベストな状態でプレーするのは難しいということを前提にして試合に臨み、投球を重ねながらフィットさせていくように心掛けています**。

ですから、起ち上がりにおいては、**最初から際どいコーナーなど狙わず、まずは思いきって腕を振り、自分の納得のいくボールを投げることから始めます**。極端なことをいえば、甘いところから入っていく意識でちょうどいいのです。中高校生の選手なら、たとえ真ん中を狙って投げたとしても球は適当に散ってくれますし、思いきって腕を振って投げた〝生きた球〟なら、そうそう打たれるものではありません。

そして、**試合にアジャストできるようになったなら、徐々にプレーの質を上げていき、際どいコースを狙っていくようにすればいい**のです。

先頭バッターにフォアボールで嫌な予感が……

こんな場面▶

3回までは好投してノーヒットに抑えていたが、4回の先頭バッターにフォアボールを与えてしまった。一瞬、嫌な予感が走る……

負ける選手は、自分でピッチングのリズムを崩(くず)してしまう

先頭バッターに出塁されてしまうと、ピッチャーは少なからず〝嫌な予感〟を覚えるものです。クリーンヒットを打たれたならまだあきらめがつきますが、安易にフォアボールを与えてしまったときなどは、自責の念も加味され、よりいっそう不安な気持ちになります。

こんなとき負ける選手は、**どんどん悪いほうへとイメージをふくらませてしまいます**。「ランナーにいいスタートを切られると、1ヒットでノーアウト・三塁のピンチになってしまう」「盗塁されたあとにヒットを打たれたら、1点取られてしまう」など、**自分で自分を追い込んでしまう**のです。

こうなると、ランナーを必要以上に気にしてしまい、ムダな牽制(けんせい)球を多投することになります。ランナーに大きなリードを許さない効果的なものなら問題ありませんが、やみくもに投げるのは〝百害あって一利(いちり)なし〟です。なぜなら、**ランナーを気にしすぎることでピッチングのリズムが崩れ、バッターへの投球もおろそかになってしまう**からです。

ピッチングのリズムがいったん狂ってしまうと立て直すのは容易ではなく、結局のところ、バッターを歩かせてしまったり、ヒットを打たれるなどして、ピンチを広げることに……。まさに、先頭バッターの出塁を許したときの〝悪い予感が的中する〟ことになるのです。

SCENE 2 先頭バッターにフォアボールで嫌な予感が……

悪いイメージをもったままでランナーを気にしすぎ、自分から負のスパイラルにはまってしまう

こうすれば勝てる!

牽制とクイックモーションを身につけて、心に余裕をもつ

先頭バッターの出塁を許したとき、なんとなく胸騒ぎを感じてしまうピッチャーは、たんにメンタルが弱いというだけでなく、じつは牽制やクイックモーションが苦手なタイプが多いものです。**自分のなかに技術的な裏づけがないため、ランナーの影におびえてしまう**わけです。

第1章で述べた〝技術とメンタルは密接な関係にある〟というのは、まさしくこういったケースを指摘したものです。自分の技術に自信をもっているピッチャーは、ランナーが出たとしてもあわてることはありません。

勝つ選手は、「俺は牽制球を投げるのがうまいし、クイックモーションも得意。ランナーを一塁に釘付(くぎづ)けにしておき、ゲッツーを取ってやろう」と**ポジティブにプレーすることができる**のです。

このように、ランナーを恐れずプレーするには、大きなリードを許さない牽制を身につけたり、走られても二塁で刺せるようにすばやいクイックモーションを習得するのがいちばんの近道。**技術を身につけることで、メンタルに余裕が出てくる**わけです。

まだこうした技術をマスターしていないピッチャーは、ランナーを出してもマイナスイメージを抱かず、**ピッチングの基本である〝低いコースに投げる〟ということに意識を集中してみてください。**

なんとなく調子が上がらずイライラが募(つの)る……

自分の決め球は球速のあるストレート。しかし、今日はいまひとつボールが走らず、だんだんいら立つ自分を抑えきれなくなってくる……

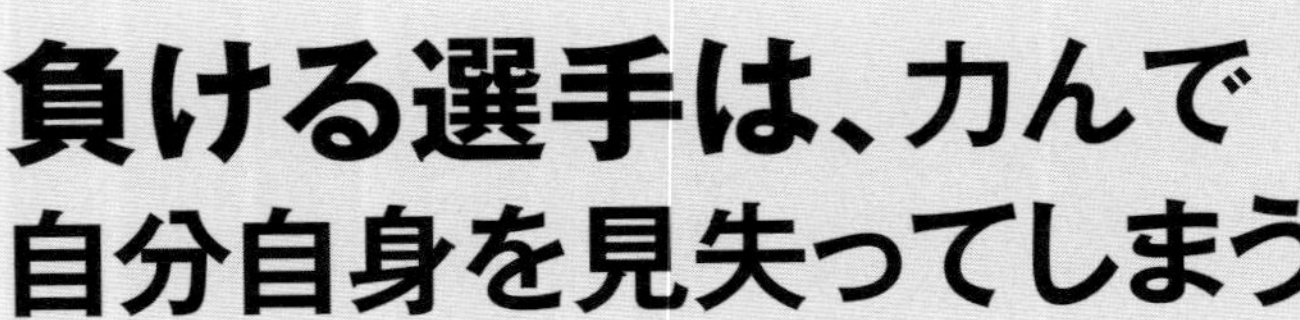

負ける選手は、力んで自分自身を見失ってしまう

選手はいつも万全な状態でプレーできるとはかぎりません。プロ野球の一線級のピッチャーでも、ベストな状態でマウンドに上がれるのは、年に2～3度くらいしかないといいます。

また、ブルペンでは絶好調だったのが、いざ試合になるとピリッとしないということもよくあることで、ピッチャーは、マウンドに上がって実際に投げてみないと、その日の出来不出来はわからないというデリケートなポジションなのです。

ですから、起ち上がりの1、2回をなんとか無失点で抑えたものの、一向に調子が上がってこないと、だんだんとイライラが募ってきます。調子が悪いとコントロールが定まらなかったり、ボールが走らなかったりなど、さまざまな悪影響が出てしまいますが、こんなとき**カッとして怒りを爆発させてしまうのが、負ける選手のパターン**です。

たとえばボールが走らないという場合、そのいちばんの原因は、ボールに指がしっかりと掛かっていないことが多いのですが、球速を上げようとムキになり力づくで投げようとしてしまいます。**体に余分な力が入ると、フォームはバラバラになってしまい、さらにボールが走らなくなるという悪循環に陥り、結局は自滅してしまう**のです。

いら立ちを抑えられず、力まかせに投げようとしてフォームを崩し、立ち直りの機会を失っていく

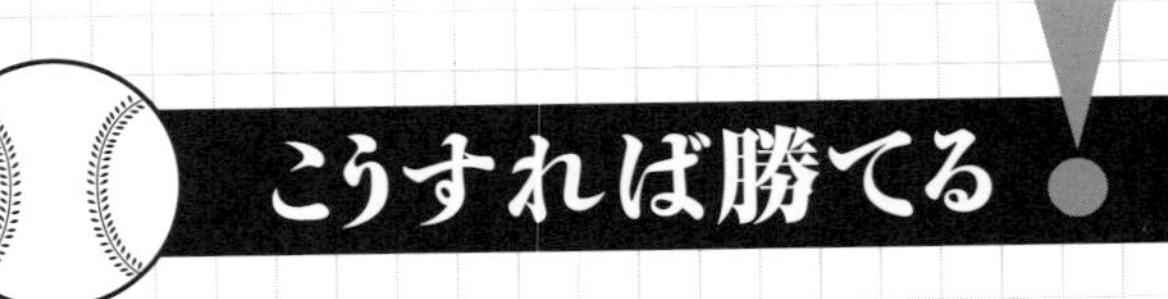

冷静になり、状態のいいときと比較して、悪いところを修正する

勝つ選手は、調子が上がってこなくてもイライラしたりせず、**平常心を保って、冷静に自分のどこが悪いかを分析します**。

たとえば、ボールにしっかりと指が掛かっているか、体の開きは早くないか、下半身の使い方はきちんとできているかなど、**頭のなかで状態のいいときの自分の姿と照らし合わせ、問題点を洗い出していきます**。そして悪いところが見つかったなら、あとはそれを修正していくよう心掛けるのです。

また、調子が悪いときは、**その日いちばんいいボールを見つけるようにするのも有効な方法**です。かりに変化球が通用するようなら、走りの悪いストレートを見せ球にして変化球で仕留める、といった組み立てをすることで対処していけばいいのです。

ダメなボールをいつまでも気にしていると、メンタルに悪影響を及ぼすことになり、自分本来の体の使い方を思い出すことができず、自滅する可能性が高くなります。

さらに、これは技術的な話になりますが、以前プロ野球のピッチャーから聞いたところによると、**調子の悪いときはカーブを投げるといい**そうです。曲がりをよくするためにしっかりと腕を振るため、その相乗効果でストレートも走るようになるとのことでしたので、ぜひ試してみてください。

毎回ヒットを打たれながら試合をつくってきたが……

こんな場面▶ 毎回ランナーを出しながらもなんとか大量失点をしのぎ、4回を終わって1対1の同点。5回ワンアウトから、またしてもヒットを打たれてしまう……

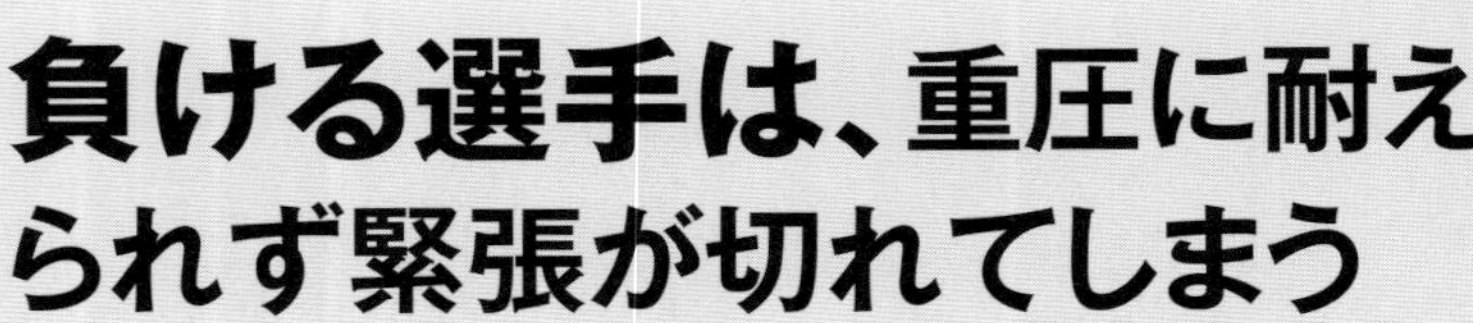

負ける選手は、重圧に耐えられず緊張が切れてしまう

野球というスポーツは、1球ごとに状況が変化するので、それにともなって選手のメンタルも影響を受けることになります。とくにピッチャーは、つねにプレーの起点となるポジションであるため、試合中さまざまなプレッシャーにされされます。

ですから、大事な場面で投じた際どい球をボールと判定されれば、たった1球で心が折れてしまうことがありますし、また徐々にダメージが蓄積されていくことで、緊張の糸が切れてしまうこともあります。

［シーン❹］は後者の例です。4回まで毎回ヒットを浴びながら、なんとか最少失点に抑えてきたものの、ワンアウトを取ったのもつかの間、またもやヒットを打たれてしまう。こうなると、負ける選手のパターンとして**「そろそろ限界だ」と自分で自分にダメ出ししてしまう**ことがあります。

すると**「今度こそ大量点を取られてしまう」とマイナスイメージしか浮かばなくなり、ノックアウトされることがあたかも既成事実であるかのように思い込んでしまう**のです。

これは野球にかぎらずどんなスポーツにも当てはまることですが、**闘うのをあきらめてしまった段階でもはや勝負がついている**ということを、肝(きも)に銘(めい)じておく必要があります。

自分で限界をつくることで負のイメージしかもてなくなり、プレッシャーに負けて自滅していく

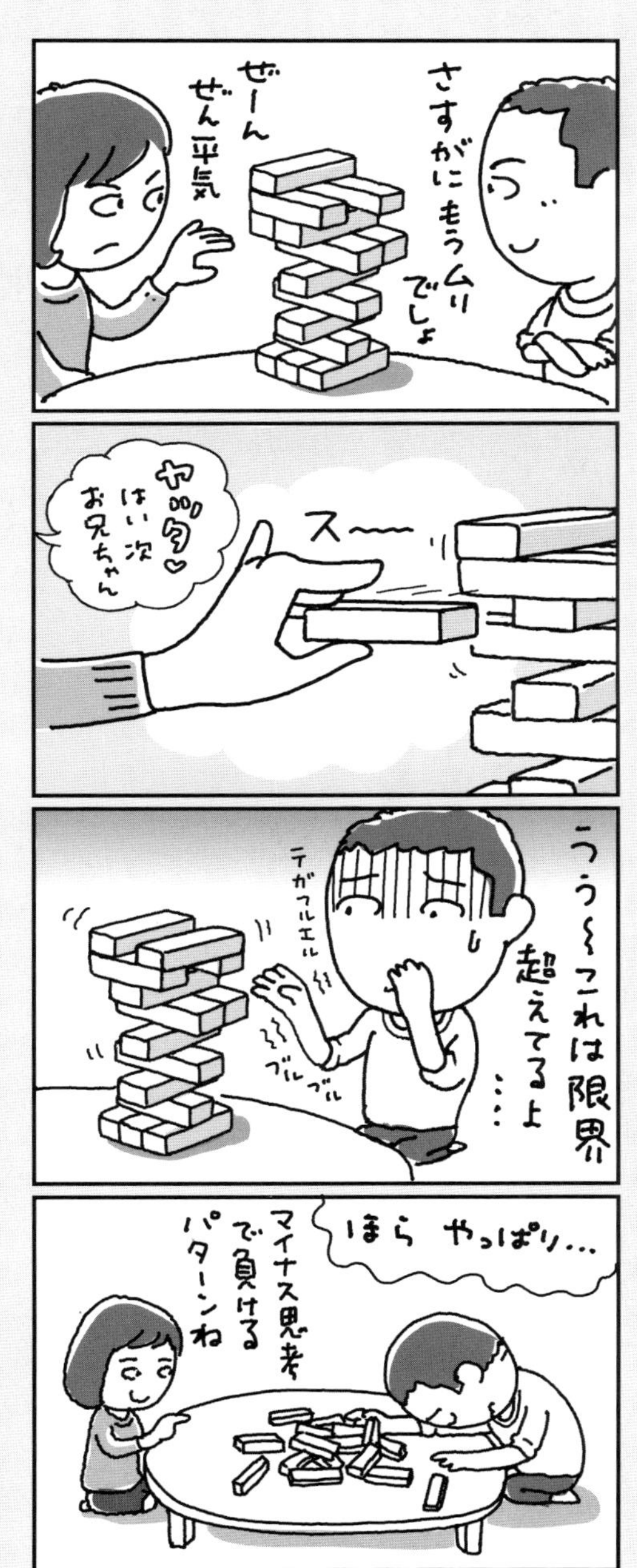

こうすれば勝てる！

毎回安打されても、「散発ならまったく問題ない」と考える

毎回ヒットを打たれているということは、じつは炎上していてもおかしくない状況で、一歩間違えば大量失点して交代させせられているところです。

こんなとき勝つ選手は、「今日は調子がよくないのに最少失点で切り抜けているから運がいいぞ。この回もヒットを打たれたけれど必ず抑えることができるはず」とポジティブに考えることができます。このように**冷静さをもってバッターに立ち向かっていけば、抑える可能性はぐっと高くなります。**

ここでは、こうした前向きな姿勢でバッターに対峙（たいじ）することができるようになるための方策を伝授します。それは、〝**たとえ試合を通して毎回安打されたとしても、散発ならぜんぜん問題ないととらえる**〟ということです。

なぜなら、かりに各バッターに4打数1安打されたとしても、打率は3割に満たない2割5分で、決して打ち込まれているわけではないからです。ですから、**毎回安打されているということに必要以上に神経質にならず、思いきった投球を心掛けるべき**です。

ただし、散発のヒットではなく連打されたり、同じバッターに続けて打たれているときは、失点につながるピンチの局面を迎えてしまいます。こうした場合は、打たれた理由をできるかぎり分析してそのイメージを消し去り、改めて相手を抑えているイメージをつくるように意識します。

SCENE 5 Baseball ［試合編❺］

「ゲッツーだ」と思ったら味方がエラーを……

ワンアウト一・二塁のピンチで、狙いどおりバッターをサードゴロに打ち取った。「やった、ゲッツー」と思った瞬間、味方がボールをはじいて……

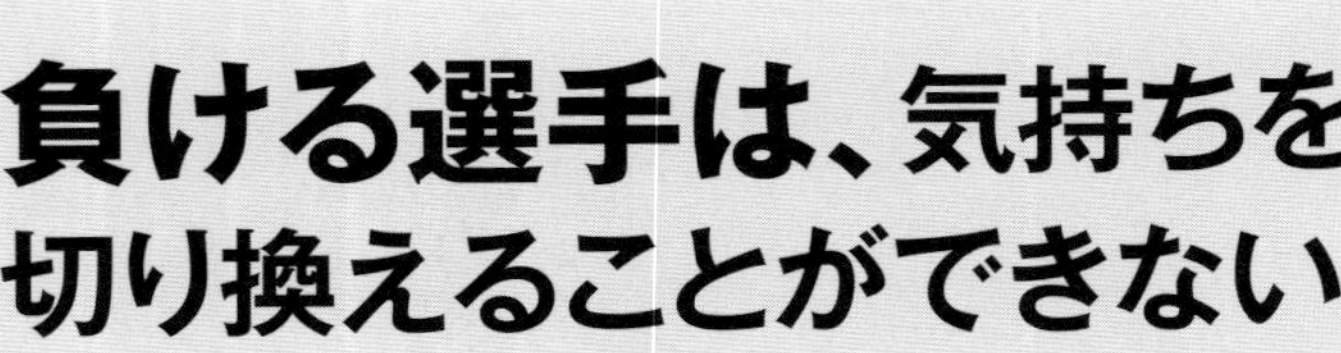

負ける選手は、気持ちを切り換えることができない

ピッチャーはピンチを迎えたとき、得点を阻止するために気力を振り絞ってバッターに立ち向かっていきます。

[シーン❺]では、バッターに内野ゴロを打たせることが求められますが、注文どおりに打ち取ったにもかかわらず、なんと味方の内野手がエラー。「ゲッツーでチェンジだ!」と思っただけに、そのショックは計り知れないものがあります。

こんなとき負ける選手は、大げさにいえば**「これで終わった」とショックを引きずって自分の殻に閉じこもってしまったり**、あるいは**カッカして頭に血が上ってしまい、「俺が抑えるしかない」とムキになってしまいます。**

ショックを引きずっていれば投球に覇気がなくなりますし、ムキになって投げればフォームが崩れてしまい、どちらも自滅することになりかねません。

負ける選手のなかには、エラーした選手に「ドンマイ」と声を掛ける人もいますが、それが心の底から出たものでなく上っ面だけの言葉だと、相手には伝わらず、なんの解決にも結びつきません。

野球はチームスポーツですから、ミスが出てピンチになったときこそ、自分一人でいじけたりせずに、**「全員の力を合わせて乗りきっていくものだ」ということを再認識しておくべき**です。

ショックのあまりいじけたり、ムキになって投球のリズムを崩し、自分を追い込んでいく

エラーした選手と笑顔でコミュニケーションを図る

ミスが起こったとき、エラーされたピッチャーはもちろんのこと、エラーした選手も強い責任を感じて気落ちするものですが、二人して落ち込んでいても仕方ありません。

こんなとき勝つ選手は、**すぐにエラーした選手とコミュニケーションを図ろうとします**。「ドンマイ、気にするな」と声を掛けることで自分の気持ちも落ち着いてきますし、声を掛けられたほうも、「スマン、次はしっかり守るから」と返事をすることで、気持ちが軽くなります。

こうしたやり取りを交わすことで**気分を切り換えられれば、二次的なミスを防ぐことができます**。**人を励ますことは自分を励ますこと**になり、モチベーションも自ずと高まっていきます。

選手同士でコミュニケーションをとるときは、作り笑いでも構わないので、とにかく**笑顔で言葉を交わすように心掛けましょう**。体が萎縮して固まっている状態でも、豊かな表情をすることでリラックスできるようになるので、ぜひ実行してみてください。

もし、コミュニケーションを図っても、上手に気分転換できない場合は、「自分はやることをやったのだから、点を取られても自分の責任ではない」と、**いい意味で開き直ってしまう**のも一つの方法といえるでしょう。

リリーフしたが、いきなり打たれてしまった……

リリーフに指名されて初めての試合。2点リードの9回裏、ワンアウト満塁でマウンドに上がったが、いきなりヒットで1点差に……

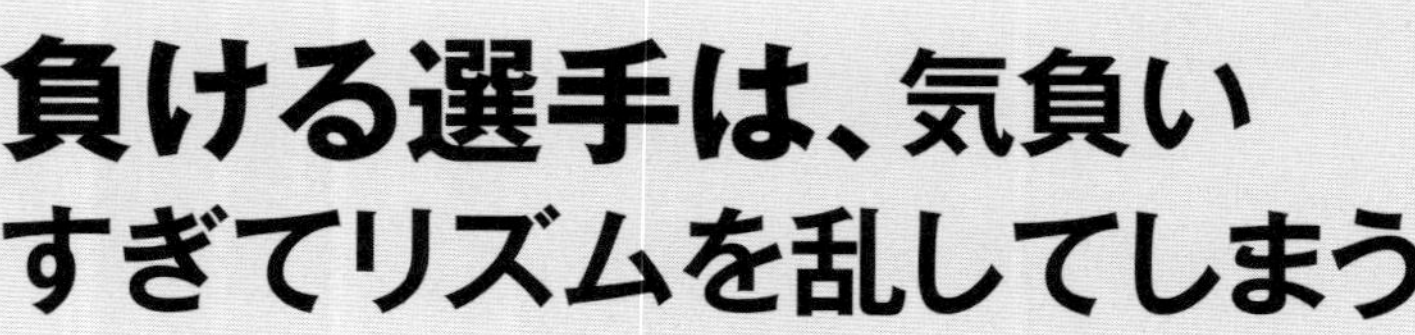

負ける選手は、気負いすぎてリズムを乱してしまう

野球の戦術や選手の使い方は、時代とともに変化してきました。ピッチャーの起用法もその一つ。昔のプロ野球では、ピッチャーは先発完投が求められましたが、時にはエースが抑えを任されることも少なくありませんでした。

現代野球では、先発、セットアッパー（中継ぎ）、クローザー（抑え）と、それぞれの役割が明確になっています。高校野球でも、以前は「エースで4番」というワンマンチームが目立っていましたが、いまでは複数のピッチャーを擁し、リリーフがマウンドに上がる機会も多くなってきました。

ですから、コーチから「先発以外では起用しない」とお墨付きもらっていないかぎり、リリーフにも慣れておく必要があります。

負ける選手は、マウンドに上がると**「なんとしても0点で抑えなければ」と気負ってしまいます**。必要以上にプレッシャーを感じてピッチングのリズムが狂い、自滅することになるのです。先発ピッチャーが勝利投手の権利をもってマウンドを降りた場合、リリーフはより強い重圧を感じることになるので注意が必要です。

また、リリーフに慣れていないピッチャーは、すぐに試合に順応することができません。とくに、**試合展開によってリリーフするタイミングが予想より早まったり遅れたりすると、集中力を維持することができなくなります**。

SCENE 6 リリーフしたが、いきなり打たれてしまった……

「1点もやれない」と、必要以上のプレッシャーを感じて、自分のペースを見失っていく

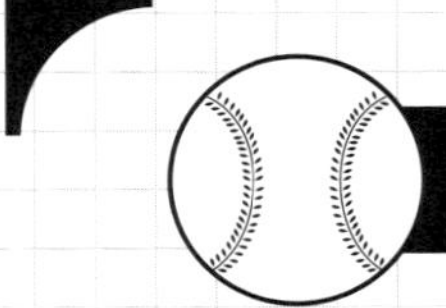

こうすれば勝てる！

“微動心”を意識して、メンタルをリセットしながら心に余裕をもつ

リリーフピッチャーが救援に失敗してしまう大きな要因は、**心に余裕をもつことができないから**です。

「ピッチャーは不動心でバッターと対峙すべきだ」という発言をよく耳にしますが、〝不動心〟は、地震のときに家の柱がポキッと折れてしまうように、しなりがない分意外ともろいものです。

私がスポーツ選手に〝心のもち方〟を指導するときは、〝**微動心**〟という造語を用いて説明しています。

勝つ選手はピンチのとき、この言葉のように、〝**微妙に心を動かすことができる**〟のです。ほんの少し心に余裕があれば、予想外の状況変化に対面しても、**簡単に打ちのめされることなく、しなやかに対応していくことができるの**です。

たとえば、2点リードしている場面でリリーフしたなら、**「最後に勝つことができればいいのだから、同点までなら問題ない」と心理面をリセットして臨む**ようにします。

リリーフしていきなりヒットを打たれて1点を失ったとしても、「まだ1点リードしているから大丈夫」というくらいの心の余裕をもってほしいと思います。

調子の悪いピッチャーをなんとか回復させたい……

こんな場面▶ ピッチャーの調子が悪く、ボールが走らず、コントロールも定まらない。キャッチャーとしてなんとか本来の姿に戻したいが……

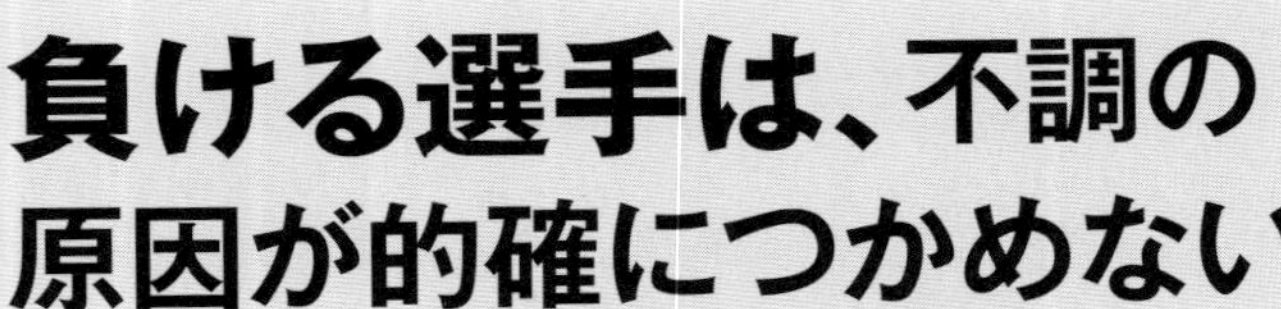

負ける選手は、不調の原因が的確につかめない

野球中継の解説でもよく耳にしますが、バッテリーは夫婦の関係に例えられることが多く、キャッチャーは女房役と呼ばれています。

いまの時代にこうした表現を用いると女性からクレームがありそうですが、野球においては、ピッチャーとキャッチャーはパートナーで、キャッチャーはピッチャーを支えるべき存在だと考えられています。

ところが負ける選手は、ピッチャーの調子が悪いと**一緒になって落ち込んでしまったり、「気持ちで投げてこい」などと通り一遍の言葉で励ますだけで、具体的なアドバイスを与えることができません**。

じつはこのようなキャッチャーが意外に多くいるのが現状で、ピッチャーのボールが走っていないことはわかるものの、**その原因を突き止めることができない**のです。

よく腕を振れといったジェスチャーをするキャッチャーを見かけることがあります。ピッチャーのボールが走っていない原因が〝腕の振り〟にあるなら有効ですが、そうでないのなら、まったく役に立ちません。

これでは、ピッチャーを助けるどころか、逆に**的外れなアドバイスをすることで、ますます調子を悪くする種をまいている**といっても過言ではありません。

原因追究ができないため適切なアドバイスができず、ただただ気合を入れるだけになる

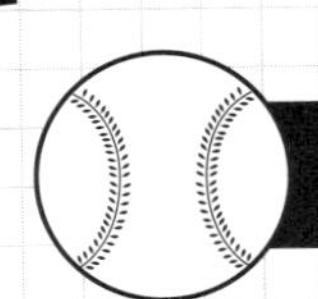

こうすれば勝てる！

つねにピッチャーを観察して最高のコーチとなるよう意識する

これは私の持論なのですが、**キャッチャーは最高のピッチングコーチであるべき**だと思います。そして、**ピッチャーを上手に操縦してあげる**必要があります。

勝つ選手は、ピッチャーの調子が上がらないとき、**どこが悪いかをいち早く察知して、それを的確に指摘することができます。**

たとえば、ピッチャーのリリースポイントのズレなど、ちょっとした違いにも気づくことができるのですが、これはピッチャーの一連の投球動作を把握しているからこそ可能になることです。

一見技術論のように思われるかもしれませんが、そうではなく、根本的にはメンタルの話なのです。なぜなら、**「ふだんからピッチャーを観察しよう」という意識がキャッチャーにあるかどうかという問題になる**からです。

ですから、キャッチャーはピッチャーとつね日頃からコミュニケーションを密に図って、技術的なことはもちろんのこと、どんなピッチング理論をもっているのかなど、一歩踏み込んだところまで理解するように心掛ける必要があります。

さらにキャッチャーは、ピッチャーの性格も把握し、助言する際はその人に適した言葉づかいを用いるなど、細やかな配慮も要求されます。

自分のミスがもとで逆転されてしまった……

2対1で勝っていたが、5回に自分のパスボールなどから3点を奪われて逆転されてしまった。チームの要であるべきなのに……

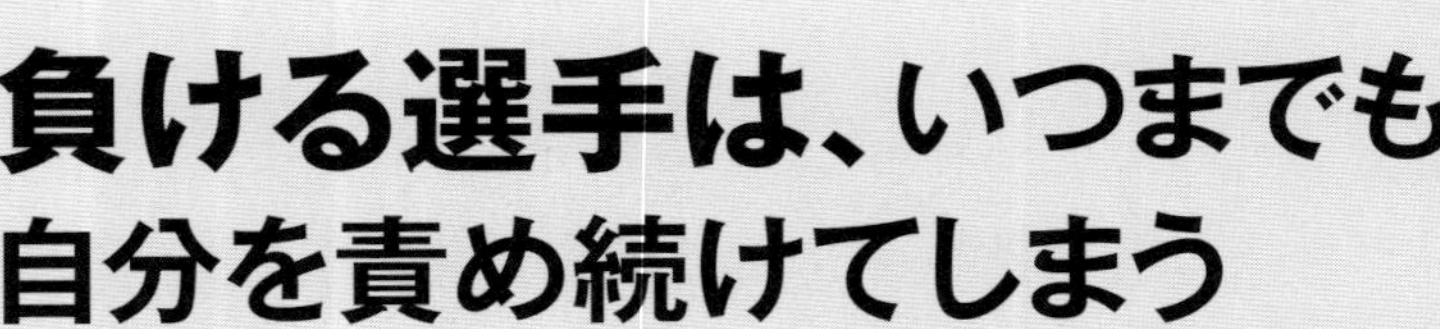

負ける選手は、いつまでも自分を責め続けてしまう

キャッチャーは、ある面においてはピッチャーより重要なポジションといえます。扇の要（かなめ）にポジショニングし、ほかの野手とは異なった視線から球場全体を見渡し、司令塔の役割を担っています。

ですから、キャッチャーには自分が責任のあるポジションを任されているという自負があり、［シーン❽］のように逆転につながる大きなミスをしてしまうと、「あー、やってしまった」と激しく落胆することになります。

こんなとき負ける選手は、**自分の犯したミスをいつまでも引きずって上手に気持ちを切り換えることができません**。まだ試合途中にもかかわらず、「俺のせいできっと負けてしまう」と**マイナスのイメージを抱いて、自分を責め続けてしまう**こともあります。

キャッチャーがこんな状態に陥ってしまうと、さまざまな面に影響が出てきます。たとえば、**チームメイトがキャッチャーの落ち込んだ姿を目にすればチーム内に動揺が広がり、全体のモチベーションが一気に低下**してしまいます。

なによりも、**ピッチャーのリードが弱気なものとなれば、そこを相手バッターにつけ込まれることは必至（ひっし）**で、さらに追加点を奪われたりしたら、ますます敗色が濃厚となってしまいます。

SCENE 8 自分のミスがもとで逆転されてしまった……

チームの要だという意識から過度に責任を感じ、リードにまで影響するようになる

こうすれば勝てる！

その後の試合展開を予想し冷静になって気持ちを切り換える

以前、サッカー日本代表のゴールキーパーだった川口能活（よしかつ）選手に話を聞いたとき、「フォワードは10回シュートして1回でも決めればヒーローになれるけれど、キーパーはたった1回のミスで失点してしまうと、味方が得点してくれることを祈るしかない」と語っていました。

サッカーのゴールキーパーと違って、キャッチャーは自分のミスを自分自身で取り返すことができます。勝つ選手は、このことを知っているため、**すばやく気持ちを切り換えてポジティブにプレーすることができる**のです。

上手に気持ちを切り換えるためには、**ミスしたあとの試合運びを計算し直すということが大切**になります。

たとえば、ミスしたのが5回であるならば、「少なくともあと2回は自分の打順が回ってくる。**相手ピッチャーの決め球もわかっているから、打つほうで必ず挽回（ばんかい）してやる**」と考え直したり、「打順が2巡して**相手バッターの特徴も把握できたから、もう得点はさせないぞ**」と、モチベーションを高めていくわけです。

また、事前に「今日の試合は○点勝負になりそうだ」と試合展開を予想しておけば、たとえ自分のミスで失点したとしても、想定内の出来事としてあわてることがなくなります。

ファーストへ大暴投したが はたして次は大丈夫か……

こんな場面▶

平凡なゴロを捕ってファーストへ送球したところ、とんでもない暴投。「ごめん」と謝りながら、「次も同じことをしたら」と不安がよぎる……

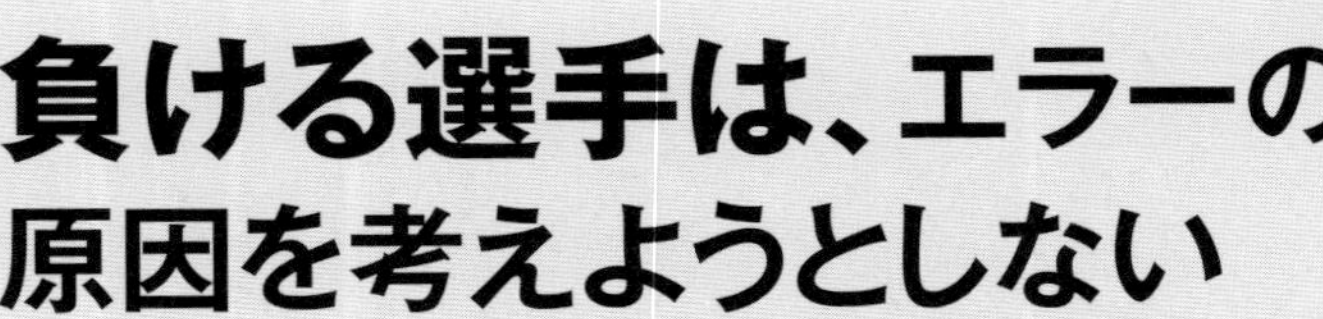

負ける選手は、エラーの原因を考えようとしない

内野守備において、スローイングは捕球とともにもっとも基本的なプレーですが、プロの選手でも暴投してしまうことがあるくらいなので、なかなか一筋縄（ひとすじなわ）ではいかない技術だといえます。

暴投の原因には、ボールをしっかり握っていない、クロスプレーになりそうなので焦ってしまう、捕球した体勢が悪かったのにムリして投げてしまうなど、いろいろなケースが考えられます。

負ける選手は、一度暴投してしまうと、**「次は大丈夫か」と過剰に意識するようになります**。そのため、実際にボールが飛んできたときに緊張で体が硬くなってしまい、エラーする確率が高くなるのです。

〝捕球してから送球する〟という一見単純そうなプレーが難しいのは、**いざボールを捕ろうとするときに、「捕ったらすぐに投げなければ」という意識が頭をよぎる**からです。

〝捕る〟と〝投げる〟という二つの動作が同時に浮かぶと脳が混乱をきたし、ファンブルしてしまったり、なんとか捕球したもののボールをしっかり握らずに送球するといったミスを招いてしまうわけです。

負ける選手は、**一連の動作のどこにミスがあったのかを分析して、その対策を講じないため、同じミスを繰り返すことになる**のです。

「なぜ暴投したのか」よりも「次は大丈夫か」に意識がいって、ミスを繰り返すようになる

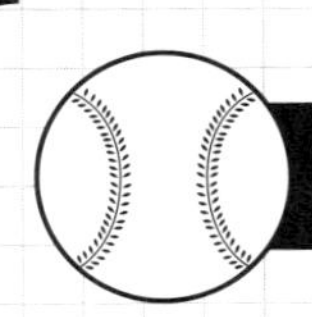

こうすれば勝てる!

①捕る→②投げるという流れをつねに意識し続ける

勝つ選手は、**ミスしたときは必ずその原因を解明します。そしてミスを防ぐ対策を練り、試合で実践できるように練習する**のです。

じつは、こうした小さなことの積み重ねが、アスリートとしての成長につながっていきます。そのためには、いつも「より上手くなるぞ」という気持ちをもっていることが大切になります。

〝捕球してから送球する〟という場面では、勝つ選手は、**①まず打球を確実にキャッチする、②次にボールをしっかり握ってスローイングする、という一連の動作をつねに念頭においてプレーしています**。ですから、〝捕球と送球〟が頭のなかで混乱して、焦ってミスする確率が低くなるのです。

さらにワンランク上の選手になると、〝スローイングの質〟を状況によって変えることができます。たとえば、打球を捕ったとき、ランナーの走力とその時点でのベースまでの距離を瞬時に判断して、ノーバウンドではなく、わざとワンバウンドさせて送球することができます。

これは、ボールを捕球したときの体勢によっては踏ん張りが効かないため、ノーバウンドで送球すると山なりになったり、悪送球してしまうことを熟知しているからです。勝つ選手は、**ミスをきっかけに、〝原因追究〟→〝対策〟→〝練習〟→〝実践〟を繰り返して上達していく**のです。

ピンチでは、打球が来ないように祈ってしまう……

こんな場面▶

1点リードで迎えた最終回の守備。ワンアウト満塁なので、内野ゴロなら併殺の可能性もあるが、自分のところには打球が来てほしくない……

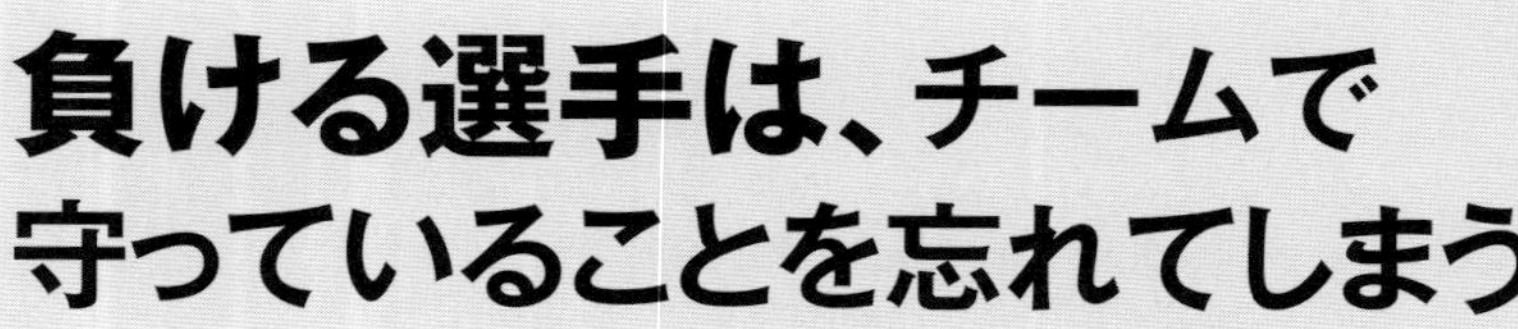

負ける選手は、チームで守っていることを忘れてしまう

チームが勝っていて、自分もバッティングで貢献しているような場合は、モチベーションが高く集中力も増しているため、守備のとき捕りにくい打球が飛んできても、無難に処理することができます。

ところが、均衡した試合展開で、勝敗を左右するようなピンチの局面を迎えたときには様子が違ってきます。負ける選手は、**「自分が捕らなければいけない」という強い義務感を抱いたり、逆に「自分の責任で負けたくない」という消極的な気持ちになる**傾向があります。

野球では、〝交代した選手のところにボールが飛ぶ〟といわれていますが、「自分のところへはボールが飛んで来てほしくない」と思っているときにかぎって、打球が来ることが多いようです。

このように、**メンタルが後ろ向きの状態では、守りに〝リズム〟が生まれません**。ですから、ノーアウト二塁でバントされたとき、三塁でアウトにできそうなところを、フィルダースチョイス（野選）を恐れて一塁に送球してしまったり、捕れるか捕れないかの微妙なフライが飛んだとき、突っ込まずにワンバウンドで処理してしまうなど、積極的なプレーができないのです。

負ける選手は、**自分一人で試合の重圧を受け止めてしまい、みんなで守っているということを忘れている**のです。

SCENE 10 ピンチでは、打球が来ないように祈ってしまう……

「自分のせいで負けたくない」という思いから、積極的なプレーができなくなっていく

こうすれば勝てる！

“チーム全員で守り抜く”という前向きな気持ちでプレーする

勝つ選手は、**ピンチの局面を自分一人で背負ったりせずに、9人で守っているという意識をもってプレーしています。**

たとえば、サードゴロが転がってきたとき、三塁手はもし自分がミスしたとしてもショートがカバーしてくれると信じて、思いきってプレーします。もちろん、実際にボールを弾いてしまったら、ほかの選手がカバーしたとしても、得点を与えてしまうこともあるでしょう。しかし、そうしたマイナス思考をするのではなく、**〝みんなで守り抜く〟というポジティブな姿勢で守備することが、エラーを未然に防ぐことにつながる**とプラスに考えたほうがいいのです。

ミスタープロ野球と呼ばれた長嶋茂雄さんは、自分の躍動感あふれるプレーを観客にアピールしたいがために、2回もセカンドゴロを捕ったことがあるというから驚きです。

とはいえ、長嶋さんのように、「俺のところへ飛んでこい」という超ポジティブな気持ちでプレーするのは、中高校生には難しいことでしょう。

守備についたとき、どうしても不安な気持ちをぬぐえない場合は、即効性のあるイメージトレーニングとして、**過去の自分のファインプレーを思い出してみる**ことをおすすめします。

日頃から積極的な守備を心掛けているのだが……

ふだんから外野のカバーリングについて確認し、「前に落ちそうな打球が来たら、思いきって突っ込もう」と言い合っているが、いざとなると……

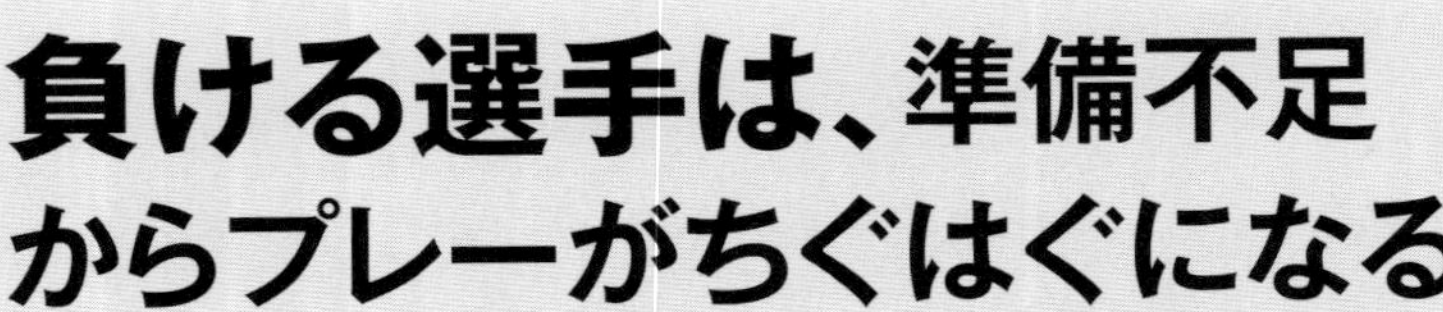

負ける選手は、準備不足からプレーがちぐはぐになる

一つのプレーを評価するとき、ミスしたけれども積極的だとするか、慎重さを欠いているとするかは、意見の分かれるところです。

日米で比較してみると、その国民性の違いからか、日本では積極性よりも慎重性が求められる傾向にあり、アメリカではその逆で、失敗を恐れないダイナミックなプレーには惜しみない称賛がおくられます。

ところが、日本のコーチのなかには、プレーの善し悪しではなく、結果だけを見て判断し、失敗したことを叱責(しっせき)する人が少なくありません。

こうしたコーチの影響もあって、負ける選手は、**思いきったプレーをして失敗することを恐れ、つい確実性の高いプレーに終始してしまう**ようになりがちです。

また、負ける選手は、**打球に対する準備を怠っているため、行き当たりばったりなプレーが目立ちます**。ボールが飛んで来てから反応するだけなので、スタートが遅れたり、目測を誤ったりしてしまいます。

たとえば、ノーアウト一塁でバントされたとき、すばやく処理して二塁で刺そうとするプレーや、外野手がダイビングキャッチしようとする場合、瞬時の判断が遅れてしまうため、結局は積極的なプレーができずに安全策を取ってしまうのです。

失敗を恐れる気持ちや準備を怠ったことから、判断が遅れて安全策を取ってしまう

外野選手の
スーパーダイビング
キャッチ
あこがれるなぁ
いつかぼくも
キメてやるぞ…

カーン
よし
きたぁ!

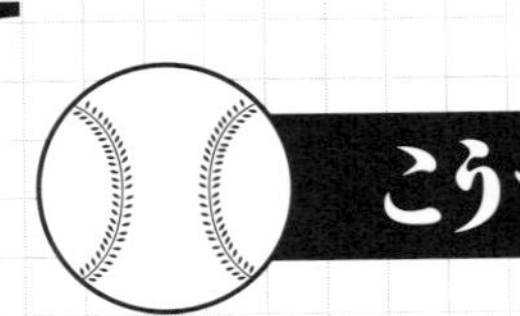

こうすれば勝てる!

いろいろな角度から打球に対する準備をしておく

大リーガーのイチロー選手が守備についているときの様子を観ていると、ちょっとした時間を見つけては、こまめに屈伸運動などのストレッチをしている姿を目にします。

これは、体をほぐすといったフィジカル面の準備を目的としたものですが、その背景には、「どんな打球でも捕ってやる」という強いメンタルが隠されているように思えます。

中高校生とイチロー選手を比べるわけにはいきませんが、勝つ選手は、**つねに打球に対する準備をしているため、ボールが飛んできたときにあわてることなく、積極的な守備ができる**のです。

そのためには、野手は守っているとき、バッターのスイングスピードや打ち方を観察し、**ピッチャーの持ち球に対して、それぞれどんな打球が飛んでくるかをイメージしておく**必要があります。

さらに、**キャッチャーの配球も見逃してはなりません**。たとえば、右バッターのとき、キャッチャーが内角に構えれば、サード、レフト方向へ打球が来る可能性が高くなります。外角ならその逆になりますが、バッターが打ち損じて引っ掛けた場合は、ボテボテのゴロになる場合もある、といったことも予測するような習慣を身につけておきたいものです。

2打席凡退後、チャンスで打順が回ってきたが……

こんな場面▶

相手ピッチャーに手も足も出ず2打席凡退のあと、第3打席が絶好のチャンスで回ってきた。なんとしても打ちたいところだが……

負ける選手は、なぜ打てないかを分析しようとしない

バッターを評価する指標の一つである〝得点圏打率〟は、ランナーが二塁または三塁にいるときの打率を意味します。一般的にこの打率が高いバッターは「チャンスに強い」といわれますが、これには**〝得点圏にランナーを置いたときのピッチャーとバッターのメンタル〟という要素**が関係してきます。

バッターはピッチャーに対するとき、つねにメンタルが優位な状態で臨みたいものですが、この場面のように2打席凡打していると、3打席目にチャンスの局面を迎えたとしても、バッターには大きなプレッシャーがのしかかってきます。

負ける選手は、その**プレッシャーに押しつぶされ、「打てなかったらどうしよう」といったマイナス思考に陥ってしまいます**。こうなると、気負って力んでしまったり、萎縮してまともなスイングができなくなるなど、さらに凡打の山を築く可能性が高まります。

こうした結果を招いてしまう要因は、負ける選手が、**なぜ自分が凡打したのかを分析しないことにあります**。**ミスの原因がわからなければ、具体的な対処法のもとに新たな打席を迎えることはできません**。

そのような状態では、「次は打つぞ」といった高いモチベーションをもって、ピッチャーに挑むことなどできるわけがないのです。

SCENE 12 2打席凡退後、チャンスで打順が回ってきたが……

凡打の理由がわからないためマイナス思考に陥り、本来のスイングができなくなる

こうすれば勝てる！

バッティングの精度を上げてメンタル的に優位な状況をつくる

勝つ選手は、1打席目でミスしたことを2打席目で繰り返さないようにし、2打席目の凡打も同様に、その教訓を3打席目で活かすようにします。つまり、**失敗した原因をつぶしていくことによってバッティングの精度を上げ、打てる確率を高める**ことができるのです。

たとえば、1打席目は気後れして凡退したのなら、思いきってスイングすることを心掛け、2打席目に技術的なミスで凡打したなら、次はそれを改善するようにバッターボックスに立つわけです。

これらは一見すると〝技術的なこと〟のように思われるかもしれませんが、じつは**こうした行動がモチベーションを上げ、メンタル的に打てる雰囲気づくりをしている**ことになります。

先にも触れましたが、野球は1球ごとにシチュエーションが変わっていき、それにつれて選手のメンタルも変化していきます。たとえば、バッターがノーボール・ツーストライクに追い込まれたら、ピッチャーがかぎりなく有利のように思えますが、ツーボール・ツーストライクくらいになると、だんだんピッチャーのほうが追い込まれた心理状態となっていきます。

このように、バッターは**自分のメンタルが優位な状態で勝負してこそ、勝利への道が開ける**のです。

デッドボールの次の打席をチャンスで迎えたが……

こんな場面▶ チャンスで打席が回ってきたが、相手は剛球ピッチャー。前の打席では内角を突かれてデッドボールを受けている。そのときの痛みと恐さが……

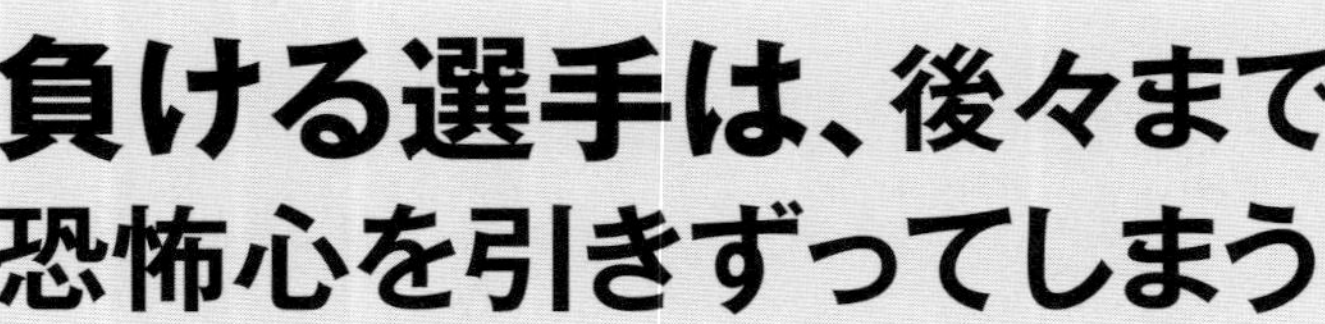

負ける選手は、後々まで恐怖心を引きずってしまう

野球は、バッターが放つ強烈な打球をはじめ、スパイクをはいたランナーのスライディングや野手同士の激突など、つねに危険と隣り合わせのスポーツです。

デッドボールはその最たるもので、大リーグでは悪質なデッドボールを受けたチームは、相手チームの選手に対して、同じようにデッドボールを投げるといった手段で報復することがあります。

デッドボールを受けたバッターは、まずその痛みに耐えることを強いられます。軟球であるならまだしも、硬球でのそれは体験した人にしかわからないもので、当たりどころによっては選手交代をしなければならないこともあります。そして、次には恐怖心が迫ってきます。

負ける選手には、この**痛みと恐怖がトラウマとなって残り、次の打席まで引きずることになります**。すると、バッターボックスに立っても「またぶつけられてしまうのでは」と落ち着かなくなり、アウトコースのボールを及び腰でスイングして、あえなく三振というパターンになりがちです。

「恐い」と思うバッターの気持ちは理解できますが、**恐怖心をもってピッチャーに対している状態では、もはや勝負がついている**といっても言いすぎではないでしょう。

SCENE 13 デッドボールの次の打席をチャンスで迎えたが……

痛みと恐怖が残ったまま打席に立ったため、平常心での対戦ができなくなってしまう

第2章 こんなときどうする? 試合編

こうすれば勝てる！

ピッチャーの心理を読んで投球パターンを予測する

プロ野球の試合をテレビ観戦していると、ピッチャーがデッドボールを与えたとき、「バッターも痛いですが、別の意味でピッチャーも痛いですね」という解説を耳にします。

この言葉どおり、デッドボールを受けたバッターだけでなく、それを与えたピッチャーも決して無傷ではいられないものです。

勝つ選手は、こうしたピッチャーの心理を読み取ることができます。つまり、**ピッチャーにもデッドボールを与えてしまったという負い目があることを感知することができる**のです。

すると、バッターは「デッドボールになりやすいインコースへの厳しいボールは投げにくいので、アウトコースのボールが多くなる」と予測します。あとは、実際にそのボールが来たときに、踏み込んで打てばいいわけです。

もし、どうしても**デッドボールへの恐怖心を払拭（ふっしょく）できない場合は、バッターボックスの立ち位置を工夫しましょう。**

できるだけピッチャー寄りで、ホームベースに近づいた位置で構えてみてください。これは1球目だけ実行すればいいのですが、こうすることで自分を鼓舞（こぶ）するだけでなく、ピッチャーに対してもプレッシャーを与えることができます。

リラックスしようとすると逆に緊張してしまう……

1番バッターなので試合開始とともに打席に入るが、足が震えている。リラックスしなければいけないということは頭では理解しているのだが……

負ける選手は、緊張のため体が動かなくなってしまう

スポーツ選手のなかには、どんな場面でもまったく緊張しないという人もいます。こうした選手は、生まれもった性格によるところが大きいと思われますが、ふつうの人はこうはいきません。

負ける選手は、**リラックスしようと思ってもその方法がわからず、かえって緊張してしまいます。緊張すると体が硬くなり、一種の興奮状態となるので、メンタルにも悪影響を及ぼします**。すると、頭ではバットを振る必要があることを理解していても、手が出なくなってしまうのです。

緊張しないための方法の一つに、〝場数を踏む〟ことが上げられます。たとえば、歌舞伎役者などは、まだ物心がつくかつかない年齢で初舞台を踏んでいるので、舞台に上がることは、日常生活とさして変わらないものとなっているように思われます。

また、若いときから海外のクラブチームで経験を積んでいるプロサッカー選手は、日本代表のメンバーとして国際大会で試合をするときも、外国人選手に気後れするようなことはないでしょう。

一般的な中高校生では、このような特別な経験はできませんが、**リラックスするためのメンタルトレーニングを導入する**など、なんらかの方法があるはずです（152ページ参照）。

リラックスの仕方がわからないため緊張だけが募り、頭と体がバラバラになってしまう

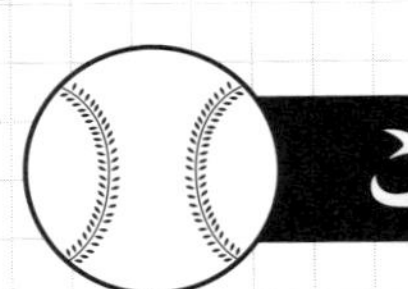

こうすれば勝てる！

リラックス法をマスターして緊張しすぎない状態をつくる

勝つ選手は、**緊張を解くリラックス方法を身につけているため、力むことなく本来の実力を発揮することができます。**大事な場面でのメンタルは、〝適度に緊張しつつリラックスしすぎない〟という状態がベストなのですが、実現するのはなかなか難しいものです。

リラックスする方法には、①イメージによって緊張に慣れる、②呼吸法、③試合前の緊張緩和法など、さまざまなものがありますので、ふだんからトレーニングしておくことをおすすめします（152ページ参照）。

バッターボックスに向かう直前の克服法としては、〝思いきり力を入れて抜く〟という動作を繰り返し行ってみましょう。ポイントは、全身に力を入れて力を抜くのは難しいので、まず手だけ力を入れて抜き、その後に腕→肩→腹→足といったように、部位ごとに3～4回繰り返していくと効果的です。

また、緊張すると交感神経（体を活発に動かしているときに働く神経）が優位になって口が渇いてしまいます。そんなときはあごを動かすと唾液が分泌され、緊張をほぐす手助けとなります。

どうしても緊張してしまう場合は、**1球目は空振りするつもりで、思いきって自分のスイングをしてみましょう。**しっかり振れているなら、「これなら大丈夫だ」と自分を落ち着かせることができるはずです。

代打での起用が多いが期待に応えられない……

レギュラーだったが、ケガをしたためここ数試合は代打としてスタンバイしている。"ここ一番"での起用でなんとか結果を残したいのだが……

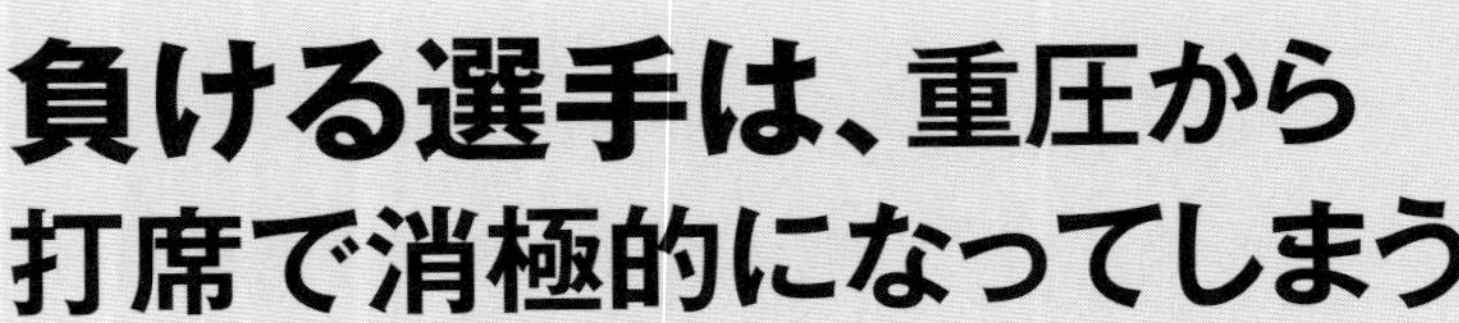

負ける選手は、重圧から打席で消極的になってしまう

バッターは、3割の打率を残せば一流といわれます。10回のうち7回もミスすることが許され、かりに1試合で5打席回ってくるとすると、2試合で3本打てばいいのですから、意外と簡単そうに思えます。

ところが、プロ野球をみても、年によって多少の違いはあるものの、規定打席（所属球団の試合数×3・1）に達している選手のうち3割バッターは10人程度。いかにヒットを打つのが難しいかがわかります。

常時出場している選手でさえそうなのですから、基本的に1試合で1回しかチャンスがない代打となると、よい成績を上げるのは至難の業といえます。

代打には**〝好球必打〟の積極性が求められますが、負ける選手は、「ヒットを打たなければ」という強迫観念にかられて逆に消極的になってしまう**傾向があります。

ここで最悪なのが見逃しの三振。バットを振らないかぎりヒットが生まれる可能性はないので、どんな理由があるにしろこうしたプレーはチームの士気を下げることになります。

さらに、負ける選手は、**打席に立つ準備が不足しています。いつ出番が来てもいいように試合に集中し、相手のピッチャーの状態を観察する心構え**がないようでは、ヒットを打つことなど望めるはずもありません。

「打たなければ」と思うほど積極性が消えていき、ふだんのスイングができなくなる

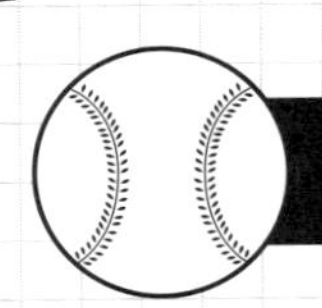

こうすれば勝てる！

代打には、積極性、不断の準備と自分の役割の理解が求められる

プロ野球の世界では、〝代打の切り札〟といったフレーズが頻繁(ひんぱん)に使われます。過去に活躍したベテラン選手が、代打で起用されて実績を残し〝切り札〟となるパターンが多いのですが、彼らには1打席で結果を残すための鉄則があります。もちろん、これはプロの世界だけの話ではなく、［シーン⑮］のようにチーム事情から代打を任されている選手についても当てはまります。

勝つ選手は、**「甘い球は絶対に見逃さない」と、どんなときでも積極的に振っていきます**。なぜなら、打てるボールを見逃していたのでは、ヒットを打つ確率が低くなってしまうからです。

また、勝つ選手は、**待機している間もつねに試合に出ている意識をもってスタンバイしています**。相手ピッチャーの球威や球筋、配球などを観察するのはもちろんのこと、**試合の状況によって、自分になにが求められているのかを冷静に分析している**のです。

たとえば、反撃の糸口となるためなんとしても塁に出るのか、あるいは進塁打で次につなぐバッティングをすべきなのか、といった自分の役割をしっかり認識するよう心掛けています。たとえ凡打するにせよ、相手ピッチャーに球数を投げさせたり、長打を期待されているなら、空振りを恐れずフルスイングするなど、自分のできることをしっかりとこなすことができるのです。

最高に緊張する場面で盗塁ができるか……

チーム一の俊足なので塁に出たら走ることを期待されているが、今日は優勝がかかった試合で、いつもとはプレッシャーの質が違う……

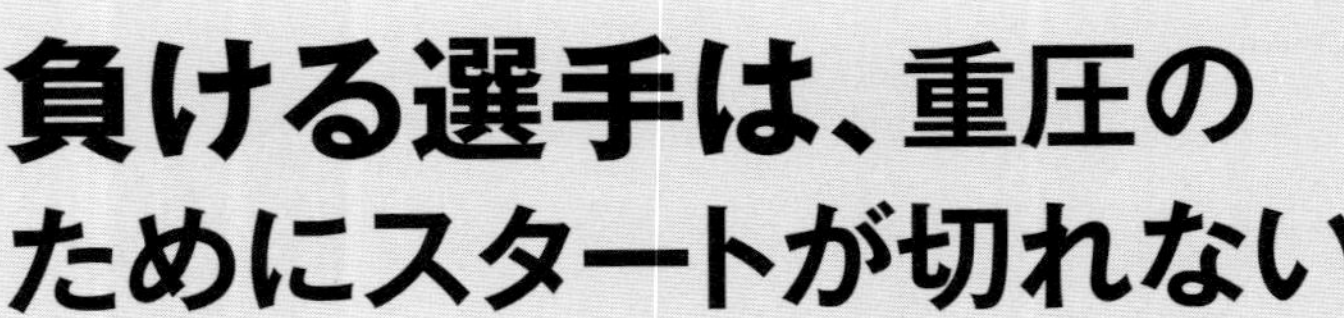

負ける選手は、重圧のためにスタートが切れない

プロ野球では、ノーサインで走ることを許されている盗塁のスペシャリストがいますが、中高校生が盗塁する場合は、サインプレーによるものがほとんどです。コーチから「次の球で走れ」というサインが出されたら、当然走らなければいけません。

負ける選手は、**大事な試合だというプレッシャーに気圧(けお)されて冷静になれず、スタートを切るのが早すぎたり遅すぎたりして、ベストなタイミングを逃してしまいます**。

また、負ける選手は、コーチからのサインが「このバッターの打席中に走れ」という少し余裕のあるものであっても、**「もし失敗したらどうしよう」と考えて緊張してしまい、なかなかスタートを切ることができません**。

プロ野球の世界でも、抜群の足の速さをもっていながら盗塁の数が少ない選手がいますが、その原因は、盗塁のサインが出ると必要以上に緊張してしまう、盗塁を成功させるための技術を習得しきれていない、ということにある場合が多いようです。

コーチが盗塁のサインを出すということは、少なくとも走力は認められているわけですから、**技術を磨いて自信をもつことで、プレッシャーに負けないメンタルをつくる**必要があります。

サインが出ると緊張して、失敗のことばかり考え、足がすくんでしまう

こうすれば勝てる！

技術的な裏づけによってメンタルに余裕をもたせる

負ける選手が、盗塁のサインが出たとき緊張してしまうのは、**メンタルの弱さだけでなく、じつは盗塁の技術に不安がある**からです。

盗塁を成功させるためには、高い走力をはじめ、リードの取り方やスタートの切り方、塁間の走り方、スライディングの仕方など、さまざまな技術が求められます。そのなかで**いちばん重要度が高いのは、ピッチャーのクセを盗むこと**です。

日本歴代1位、通算1065盗塁の大記録をもつ福本豊さんは、「盗塁された責任は、ピッチャーが7割、キャッチャーが3割」と述べていますが、これは、ピッチャーのクセを見抜くことができれば、盗塁を成功させる確率は格段に高まるということを意味しています。

かりにピッチャーのクセを盗んでいない場合であっても、バッテリーの配球を読み、変化球が投じられるタイミングを見計らってスタートを切ることができれば、成功する確率は高くなります。

勝つ選手が大一番でも緊張することなく盗塁を実行することができるのは、**このような技術向上のための努力をふだんから惜しむことがなく、その結果心に余裕をもつことができる**からです。盗塁というプレーは、〝メンタルと技術は密接な関係にある〟ということを示す顕著な例だといえます。

第3章

こんなときどうする？

試合前・練習編

この章では、試合が迫ってくると直面しそうな不安なこと、ふだんの練習のときに起こりそうないろいろな問題について考えてみましょう。

試合前編（シーン⓱〜㉒）、練習編（シーン㉓〜㉚）としてまとめています。

故障した個所をどうしても気にしてしまう……

痛めていた肩の治療が終わり、医師のお墨付きももらえた。練習でも違和感はないが、試合が近づいてくるにつれて不安が……

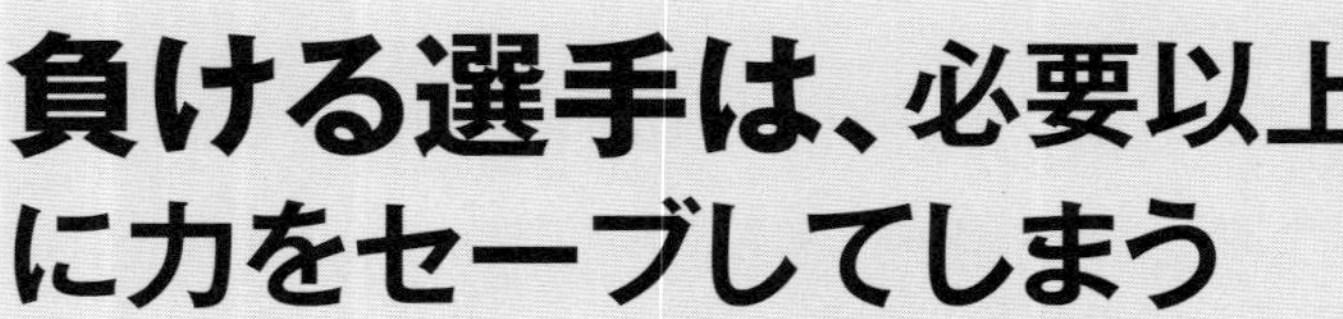

負ける選手は、必要以上に力をセーブしてしまう

プロ野球の中堅やベテランともなれば、どこかしら故障を抱えているものです。なかには完治しない故障を抱えている選手もいて、〝ケガと上手につき合っていく〟ことでプレーを続けています。

プロで長年プレーしていれば、このように故障したときの対処法が身についてきますが、中高校生はそのレベルにありません。

とくに負ける選手は、**必要以上に故障個所を気にしてしまうため、いつもどおりのプレーができません。**十分な治療を施し、医師から「もう治っているので大丈夫」と言われても、**精神的になかなか立ち直ることができない**のです。

たしかに、いくら練習で問題なさそうでも、いざ試合となって瞬間的に強い負荷がかかったときに、再発の恐れがないとは言いきれません。しかし、**いつまでも気にしていたのでは、事態はいっこうに改善されません。**

また、故障個所を気にしすぎていると、**無意識にその個所をかばうようになり、今度は別のところを痛めてしまいます。**

これでは、せっかく完治させたのを台無しにするだけでなく、新たな故障個所を抱えてしまうことになり、ますますケガに対して恐怖心を抱くようになってしまいます。

故障個所を気にするあまり疑心暗鬼（ぎしんあんき）になり、実力どおりのプレーができなくなる

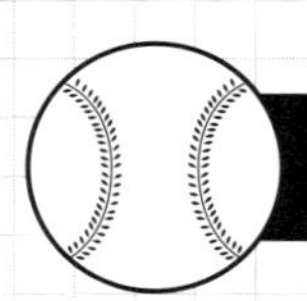

こうすれば勝てる！

心をコントロールし、思いきって自分本来のプレーをしてみる

勝つ選手は、まるで故障したことを忘れてしまったかのように、元気にプレーすることができます。なぜなら、**医師の「完治しました」という言葉を信じ、また「もう大丈夫だ、なにをしても問題ない」と自分にいい聞かせて思いきって体を動かす**ことができるからです。

すると、〝案ずるより産む(やす)が易し（あれこれ心配するより実際にやってみれば意外とたやすいものだ）〟ということわざのとおり、案外すんなりとできてしまうものです。試合で違和感なくプレーすることができたなら、それ以降は心身ともに元の状態に戻ることができるでしょう。

どうしても**故障個所が気になって仕方がない場合は、そこから意識をそらす工夫をしてみてください**。これは、転んでヒザをすりむいて泣いている子どもに、アイスクリームやチョコレートを与えると一時的に泣き止むのと同様です。

たとえば、肩を故障した野手なら、ボールを捕球するとき、スタートダッシュの一歩目に意識を向けるようにします。するとそれに集中するため、故障個所のことが気にならなくなります。

ケガの再発は深刻な問題です。この方法は、医師から完治していると診断されたことが前提なので、くれぐれもご注意ください。

チーム事情で、自分が4番に抜擢(ばってき)されたが……

こんな場面▶ 4番がケガをしたため、自分がその代役に指名された。意識しないつもりが、練習でもつい"4番のバッティング"をしようとしてしまう……

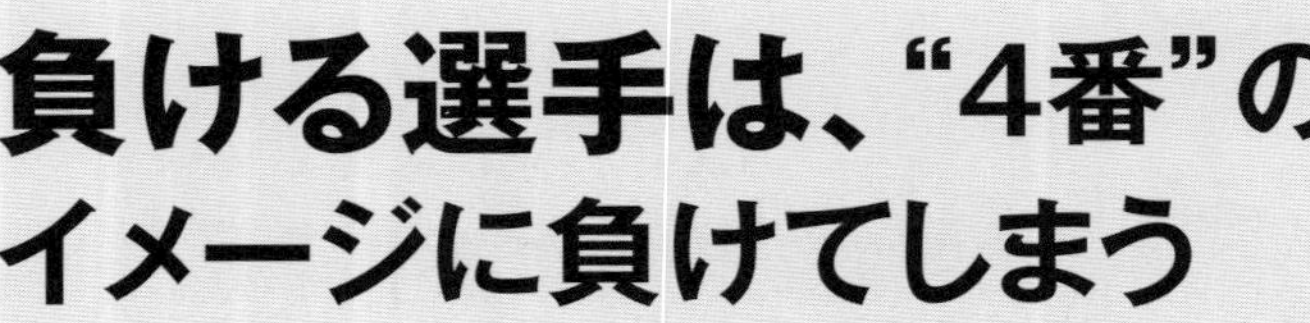

負ける選手は、"4番"のイメージに負けてしまう

4番バッターのイメージは、〝チャンスに強い長打力のあるスラッガーで、塁上にたまったランナーをホームランで返してくれる頼りになる存在〟といったところでしょう。

［シーン⑱］の場合、負ける選手は、**4番バッターのイメージに引きずられて、自分本来のバッティングを崩してしまいます**。

たとえば、ミートが巧みな中距離バッターなのに、長打を狙って力んでしまったり、遠くへ飛ばそうと意識しすぎて、ヘッドアップ（あごが上がってしまう）してアッパースイングになったりするのです。

ここでの問題点は、**自分の果たすべき役割をきちんと把握していない**ことにあります。コーチから、「4番にふさわしいバッティングをしろ」と指示があったなら別ですが、突然4番に抜擢されたということは、それなりの理由があるはずです。

そもそも4番バッターの定義も人それぞれで、コーチのなかには、3番バッターあるいは5番バッター最強説を提唱する人もいます。

またプロ野球でも、長打力はないものの出塁率が高く、走力があって得点能力も高い〝つなぎの4番〟の活躍が注目されたこともありますので、まずは**コーチの真意を確認することが先決**です。

SCENE 18 チーム事情で、自分が4番に抜擢されたが……

勝手につくり上げたイメージに引きずられて、自分のバッティングスタイルを崩してしまう

どんなときでも、自分のバッティングをすることに注力する

従来のイメージの４番バッターは、たしかにたいへん魅力的ではありますが、プロ野球でも〝理想的な４番〟が全球団に存在するわけではありません。加えて、いくらすごい４番バッターでも、チャンスに狙ってホームランを打てるものではありません。

事実、世界で最多の８６８本ものホームランを記録した王貞治さんでも、ランナー満塁という最大のチャンスで打ったホームランは15本です。

また現代野球では、先に触れた〝つなぎの４番〟のように、ホームランの打てる長距離砲があえて４番に座らないケースも少なくありません。

ですから、中高校生の野球においては、４番という打順を特別視する必要はないといっていいでしょう。**チーム事情によって、それぞれに適した〝４番〟があっていい**わけです。

勝つ選手は、このことを理解しているため、４番に抜擢されたからといって、**従来のイメージに引きずられたバッティングをしようとして、自分を見失うことはありません**。

極論をいうなら、ヒットを打ちさえすればそれでいいのです。４番だからといって特別なことはやろうとせず、**いつでも自分のバッティングをするように心掛ける**ことが重要です。

試合が近づくと、悪いことばかり考えてしまう……

どちらかというと、ふだんから物事を悪いほうへ考える傾向があり、試合が近づくにつれて、負けることやミスすることばかり想像してしまう……

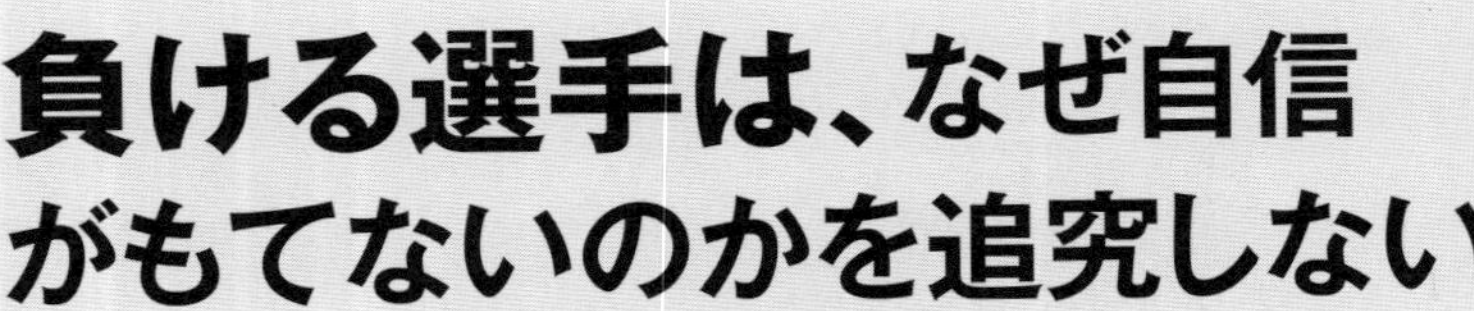

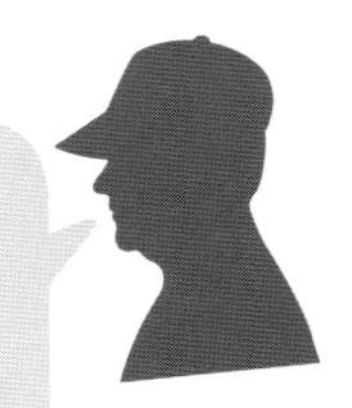

試合の日が迫ってくると、選手の心にはいろいろな思いが行き来します。つねに自信をもっている選手や絶好調で波に乗っている選手は、いいことばかりを考えて、その日が来るのが待ち遠しいことでしょう。

その反対に負ける選手は、いいイメージを描くことができません。**「大事な場面でエラーしそうだ」「絶好のチャンスで打てなかったらどうしよう」などと、マイナスのイメージが次から次へと浮かんできて、負のスパイラルにはまり込んでしまう**のです。

〝病は気から〟という格言どおり、マイナスのことばかり考えていると、本当にスランプになってしまう可能性もあります。負ける選手が**プラス思考できないのは、じつは自分に自信がない**からにほかなりません。

負ける選手は、**なぜ自信をもつことができないかを突き止めようとしません**。具体的な原因がわかっているのなら、それに対処していけばいいわけですが、自分からその手段を放棄してしまうのです。これでは、不安が募るばかりで、モチベーションは下降していく一方です。

このような状態から脱却するには、自信をもつためのメンタルトレーニングをしておくことが必要です（154ページ参照）。不安となる原因を取り除く訓練をしておけば、マイナス思考に陥ることはなくなります。

自信がない自分に甘んじてマイナスイメージをふくらませ、不安ばかりを募らせていく

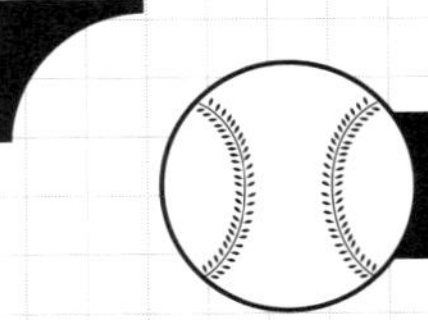

こうすれば勝てる!

ミスしたときの対処法を講じるなど不安要素を少なくしておく

勝つ選手は、試合が近づいてくるにつれ、モチベーションが上がってきます。**ネガティブなことはいっさい考えることなく、前向きな気持ちで過ごすことができる**のです。

また、勝つ選手は、自分が活躍しているシーンをイメージするだけでなく、**万が一ミスしたときの準備も怠りません**。

野球では1試合を通じてミスなくプレーすることは少ないので、**エラーしたときの対処法をつねに念頭に置いておく必要があります**。そうしておけば、不安な気持ちを最小限に抑えることができるのです。

ひと口にミスといっても、いろいろな種類があります。たとえば、守備でエラーしたとき、時間がそこで止まってしまうわけではないので、そのあとの処理が重要になってきます。

ボールをファンブルしたなら、すぐに拾って投げればいいのです。エラーをしたからといってそこであきらめずにすばやく対処すれば、進塁しようとしているランナーをアウトにできる可能性があります。

ここでポイントとなるのが、**不安をムリに払拭するのではなく、それをいったん自分のなかで受け止める**ということ。不安から目をそらしていては、自分を成長させることはできません。

レギュラーから外された ことが納得できない……

試合の1週間前にレギュラーが発表されたが、自分が選ばれなかったことに納得できず、練習にも身が入らない……

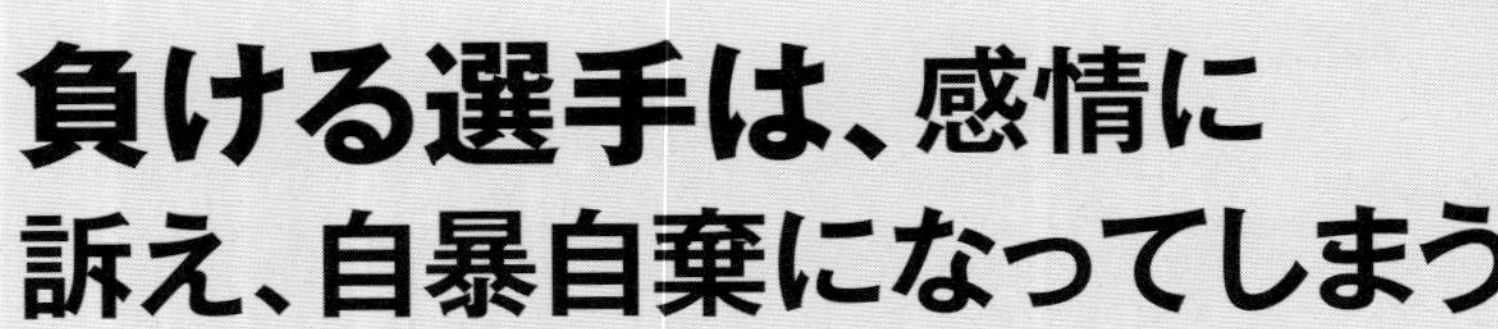

負ける選手は、感情に訴え、自暴自棄になってしまう

中高校生が野球を続ける理由は、もちろん野球が好きだからでしょう。野球を楽しむには、試合に出場するに越したことはないので、誰しもレギュラーをめざして練習に励みます。

ですから、選手にしてみれば、レギュラーになれるかどうかはまさに一大事。とくに、自分が当落線上にいると認識している選手たちは、文字どおり〝死にもの狂い〟でプレーしながら、気が気ではない日々を過ごすことになります。

負ける選手は、こうした努力が実らずレギュラー選出から漏れてしまうと、**「なぜ自分が落とされなければならないのか」と感情が高ぶり、冷静に受け止めることができなくなります**。

ましてや、コーチがレギュラー選考の基準を明らかにせず、きちんと当落の理由を説明してくれなかった場合などは、到底納得することができず、気持ちの整理がつきません。**野球の技術だけでなく、人格を含めたすべてを否定された気になってしまいます**。

すると、疑心暗鬼になり、レギュラーに選ばれた選手を逆恨み（さか）したり、コーチに反発心を抱くなど人間不信となり、どんどん悪い方向へと進んでしまうのです。

事実を受け止められず捨て鉢（ばち）になり、自分で自分を追い込んでいく

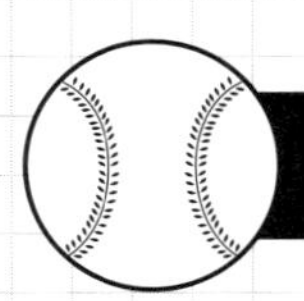

こうすれば勝てる！

自己分析とコーチの話から自分の"課題"を明らかにする

勝つ選手は、レギュラーを落とされても、**冷静にその事実を受け止め、自分になにが足りなかったのかを分析します。**

たとえば、バッティングなら、タイミングの取り方は合っているか、フォームは崩れていないか、ボール球に手を出していないか、といったことについて振り返ってみます。

また、自分のプレースタイルについても見つめ直します。レギュラーの座をつかむことに躍起となり、チームの和を乱していなかったか、コーチが自分に期待した役割を理解できずに、独りよがりなプレーをしていなかったか、といったことを検討します。

勝つ選手は、このように**自分なりに熟考して気持ちを整理したうえで、コーチに話を聞きにいきます。**そうすることで、**自分でダメ出しした点と、コーチが指摘したレギュラーになれなかった理由を照らし合わせ、自分の課題をしっかりと把握することができる**のです。

自分の足りなかった部分が明らかになったら、あとはそれを克服するための練習を重ねていくことに集中します。

勝つ選手は、**「自分とレギュラーとの差はほんの少しだ」とポジティブに考えて努力することができる**のです。

試合に備えて、いつもより早くベッドに入ったが……

こんな場面▶

試合前日。睡眠をたっぷりとって万全の態勢で本番に臨もうと、ふだんより早く床についたけれど、あれこれ考えて目がさえてしまい……

負ける選手は、「絶対に寝なければ」と考えてしまう

ストレスの多い現代社会では、不眠はよく取り上げられる話題です。一般的には1日の約3分の1は眠る必要があるわけですから、眠れない人は安眠を求めていろいろと苦労しているようです。

眠れない原因は人それぞれでしょうが、みなさんも日中に激しい練習をしたときなど、体は疲れているのに目がさえて寝つけなかったという経験をしたことがあると思います。

負ける選手は、**「寝ないとダメだ」という強迫観念にとらわれて気分が高揚してしまうため、なかなか眠りにつくことができません。**

加えて、こうした一種の興奮状態に陥っているときに、試合のことを考えると、**「活躍できるだろうか」とか「大失敗しそうだ」といった不安がよぎり、ますます眠れなくなってしまう**のです。

プロ野球の一線級のピッチャーには、ベッドのなかでイメージトレーニングを行い、一試合すべてをシミュレーションする人もいるそうですが、このような例は、もはや睡眠のことなど眼中になく、勝負に徹するプロにしかできない芸当ですので、中高校生の選手にはおすすめできません。

試合前夜になかなか眠ることができない選手は、自分なりの対策を考えておく必要があります。

興奮した頭で不安なことばかりを考えて、ますます眠れない状態に陥っていく

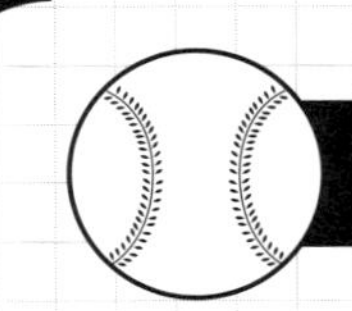

こうすれば勝てる！

自分に合った“試合前夜の安眠法”を見つけ出して習慣にする

勝つ選手は、**安眠するための方法を身につけているため、いたずらに「寝なければ」と焦ることはありません。**ぐっすりと眠り、万全の体調で試合に臨むことができます。

もちろん、こうしたことは一朝一夕でできるようにはなりませんから、ふだんから自分なりの取り組みをしておく必要があります。

たとえば、好きな音楽を流したりアロマをたいたりして副交感神経（体を落ち着かせて、リラックスしたときに働く神経）を刺激する、明日の試合で活躍することだけをイメージするなど、いろいろと試行錯誤を繰り返すことで、**自分にマッチした方法を見つけ出す**ようにします。

次にちょっと荒療治ではありますが、まったく逆の方法を紹介します。それは、**「徹夜して試合に臨んでやろう」と開き直ってしまう**というものです。こうすると、**「寝ないとダメだ」というプレッシャーから解放され、不思議とすんなり眠りにつくことができる**ものです。

また、これは私の経験ですが、学生のとき本当に徹夜をして試合に臨んだことがあります。そのとき問題なくプレーができたので、以後「いざとなったら眠らなくても大丈夫」と考えることができるようになり、試合前夜の不眠に悩まされることはなくなりました。

SCENE 22 Baseball ——————[試合前編❻]

決勝戦の試合直前、ベンチの雰囲気が……

こんな場面▶ この試合に勝てば優勝が決まるという大一番。メンバー全員がベンチ入りしたが、チームの雰囲気がいつもとだいぶ違う……

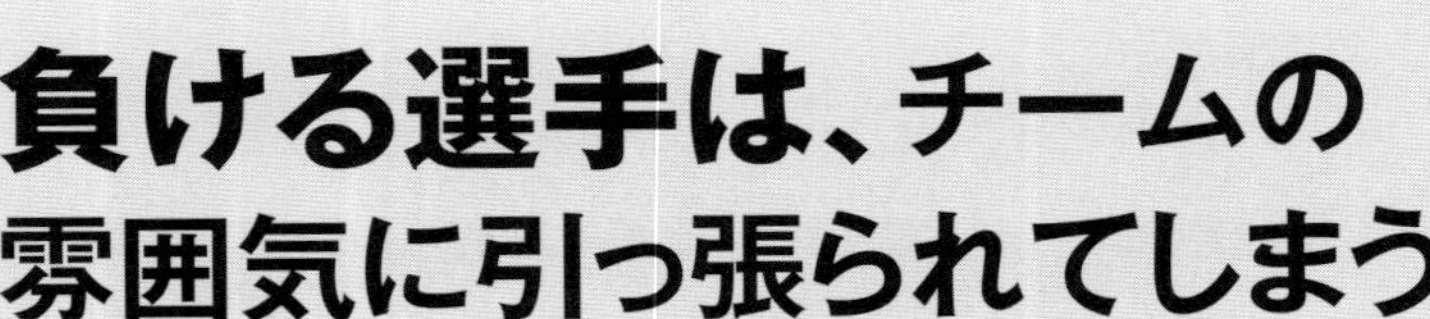

負ける選手は、チームの雰囲気に引っ張られてしまう

優勝がかかったビッグゲームや、ここで勝てば自分たちの目標を達成できるといった大一番では、誰しも緊張するものです。

この緊張が、［シーン⑭］で述べたように、〝適度に緊張しつつリラックスしすぎない〟ものであれば問題ありませんが、緊張しすぎているならプレーに影響が出てしまいます。

とくに、チームを引っ張る立場にあるキャプテンが極度に緊張していると、その負のオーラはあっという間にチーム全体へ感染してしまいます。すると、チームでは声を出す選手がいなくなり、ベンチは暗いムードに包まれることになります。

こんなとき負ける選手は、こうした**雰囲気に感染してしまい、モチベーションが一気に下がってしまいます**。そして、それまでもっていた「絶対に勝ってやるぞ」というポジティブな姿勢は消え失せ、逆に**「勝たなければならない」という義務感にかられた、マイナスの心理状態に支配されてしまう**のです。

こうなると、自分の実力を発揮することができなくなるだけでなく、**〝極度の緊張〟という負のオーラを、ほかのチームメイトにも拡散してしまう**ことになり、やがてチーム全体がそのオーラにおおい尽くされてしまいます。

SCENE 22 決勝戦の試合直前、ベンチの雰囲気が……

負のオーラに影響されてネガティブになり、緊張のあまり力が出せなくなってしまう

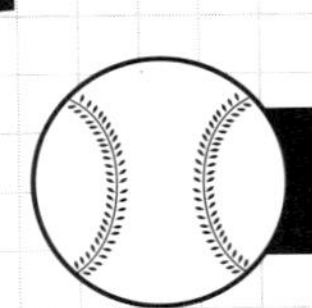

こうすれば勝てる！

試合直前のパフォーマンスでチームの雰囲気を盛り上げる

野球はチームスポーツなので、〝自分〟だけでなく〝仲間〟と一緒に戦っていきます。

ですから、一人ひとりの選手の力がかみ合えば、その力は何倍にも増幅することがありますし、その反対に負の連鎖が始まると、チーム本来の実力を発揮できないこともあります。

勝つ選手は、ビッグゲームを迎えてベンチ入りしたとき、緊張のあまりチームに活気がないと感じたなら、**自分からムードメーカーの役を買って出て、明るく元気に振る舞います**。

たとえ自分の調子が悪いときであっても、**大声を出してみんなを鼓舞していくと、不思議と力がわいてくる**ものです。こんな選手が一人でもいると、ほかの選手からも声が出るようになり、チーム全体に「さあ、やるぞ」という空気がみなぎってきます。

大学ラグビーの選手権大会を観ていると、試合開始直前に涙を流しながらグラウンドに向かっていく選手が映し出されます。

あそこまで気持ちを高揚させる必要はないかもしれませんが、ベンチ入りする前に、**チーム全員で行うパフォーマンスを考案し、お互いのモチベーションを高め合うことも有効な方法**です。

SCENE 23 Baseball ———— [練習編❶]

スランプになりかけだがなんとか修正したい……

こんな場面▶ これまでコンスタントにヒットを打ち続けてきたが、ここ3試合はノーヒット。スランプとは思いたくないが、どうしてもいい感触がつかめない……

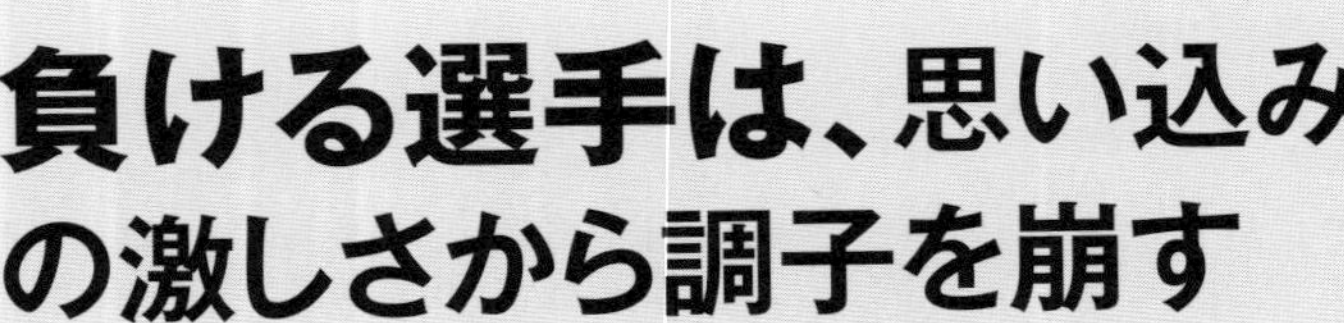

負ける選手は、思い込みの激しさから調子を崩す

野球にかぎらずスポーツの世界では、〝スランプ〟という言葉が定着した感があります。以前、テレビで野球解説者が、「2割2、3分しか打てないバッターにスランプなんてない。もともと打てないのだから」と言っていたのを聞いて、思わず笑ってしまうと同時に、〝言い得て妙〟と納得したことがあります。

負ける選手は、ちょっと調子が悪くなっただけで、すぐに精神的なダメージを受けてスランプになったと思い込む傾向がありますが、じつはこうした**思い込みの激しさが、一時的な不調を長期的なものへと発展させてしまう要因となる**のです。

また、負ける選手は、**調子を崩した原因が体の使い方のちょっとしたズレにあるのに、冷静さを失って大騒ぎしてしまいます。**

たとえば、ピッチャーのボールの走りが悪くなったとき、その原因が肘が少し下がっていることにあるにもかかわらず、フォーム全体を修正しようとします。すると、**問題のない部分にも不必要な修正を加えるため、調子がいいときの自分本来の投げ方を取り戻せなくなってしまう**のです。

こうした誤った対処法が、自分で自分の首を絞めることになるため、ますます結果を出すことができなくなってしまいます。

SCENE 23 スランプになりかけだが
なんとか修正したい……

焦りから不調の原因を見誤り、間違った対処法でますます深みに落ちていく

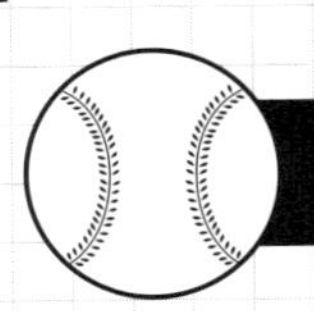

こうすれば勝てる！

問題点を明らかにして その部分だけを修正する

勝つ選手は、調子の上がらない日が続いても、**自分がスランプになったと思わないように心掛けています。**

なぜなら、そう思ってしまったら最後、出口のない迷宮に入り込んでしまうことを知っているからです。

ですから、本当のスランプに陥らないうちに、できるだけ早く調子を取り戻す最善の手を打ちます。その方法とは、ズバリVTRの活用です。**自分が好調だったときの一連の動作と現状のそれを比較すれば、どこに問題があるか一目瞭然（いちもくりょうぜん）で見つけることができます。**

現役時代の長嶋茂雄さんは、調子を崩したときには、試合後にアナウンサーを自宅に連れ込み、その眼前で素振りをしていつもと違っている点を指摘させたという逸話が残っています。これなどは、まさにアナウンサーがVTRの役目を果たしていたといえるでしょう。

こうして**問題点を明確にして、その部分だけをピンポイントで修正していけば、短時間で元の状態に戻すことができます。**

また、調子を崩した原因が、たんに疲労が蓄積しただけにすぎないということもあります。**「なにかおかしいな」と感じたときは、思いきって休んでしまうのも有効な方法**です。

コーチの言葉に、素直に従うことができない……

チームメイトはコーチに注意されると、すぐに「はい、わかりました」と言えるのに、自分はなかなかそうすることができない……

負ける選手は、なぜ注意されるかを考えようとしない

選手がコーチの言葉に素直に従うことができない場合は、常識的には選手に責任がありそうですが、コーチに問題があることもあります。

コーチのなかには、叱ることが自分の仕事だと勘違いして、選手の性格を考慮せずにどなったり、練習の質を度外視して量を増やすことばかりに執着するなど、合理的とは思えないやり方を強要する人がいます。

こうしたコーチからなにか言われた場合は、「はい、わかりました」と即答し、その場をやり過ごすほうがいいでしょう。そして、チームメイトの対処法を参考にして、自分で解決していくしかありません。

一方、コーチの指導が適切なのにもかかわらず、選手がその言葉に従うことができないのなら、問題は選手の側にあります。

負ける選手は、注意されていることの内容から、**自分のどこに原因があるのかを突き止めようとせず、心のなかで「納得できない」と思いながら、コーチを遠ざけてしまいます**。すると、両者の距離が縮まることがないため、コーチへのわだかまりも解消することはありません。

この状態が長く続くのは避けなければなりません。スポーツは楽しむためにやるものです。そして、さらなる楽しみを得るために技術の習得に励むのです。負ける選手は、**その機会を自ら放棄していることになります**。

「納得できない」という思いだけを強くして、コーチとの関係を悪化させていく

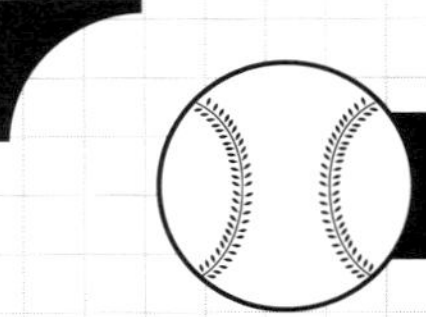

こうすれば勝てる！

疑問点を直接コーチに投げかけて納得できるまで話し合う

勝つ選手は、**素直にコーチを受け入れることができない自分に対して、きちんと向き合う**ことができます。そして、**自分がコーチの言葉のどの部分に納得していないかを明らかにして、その対処法を見つける**ように前向きに努力します。

たとえば、コーチから口うるさく叱られるのが気に障(さわ)るときには、なるべくコーチの気にかかるような行動はしないようにする、あるいは、たとえ叱られたとしても、いちいち気にしないようにメンタルを調整します。

また、コーチが課す練習量にうんざりしているときは、それに耐えうる体をつくり上げようとする、あるいは、コーチの立場に立って「なぜ練習量を多くする必要があるのか」について考え直すことで、気持ちを切り換えるようにします。

このように、自分で対処法を見つけて、それを実践していくのも一つの方法ですが、じつは、**自分が納得できていない疑問を思いきってコーチにぶつけて話し合うことこそ、ベストな解決法**です。

そのためには、日頃から**コーチがどのような人物なのかを観察し、適切なコミュニケーションを図りながら、お互いの信頼関係を築いておく**必要があります。

ライバル同士の関係が悪化しているが……

チーム内に、同じポジションを争うライバルがいる。もともと仲がよかったのだが、最近お互いに妙に意識して、だんだんピリピリした関係に……

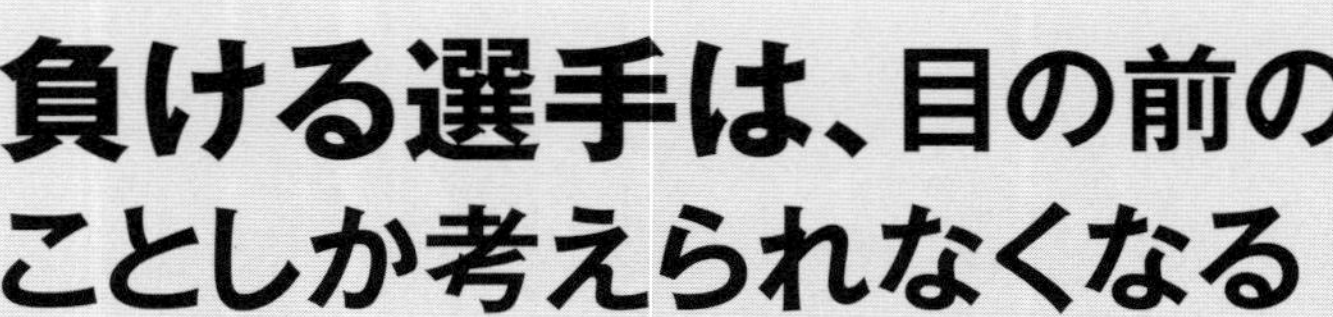

負ける選手は、目の前のことしか考えられなくなる

学校生活は、よく社会の縮図だといわれますが、それは野球部も同じこと。大人数ではないにせよ人が集まれば、そこには一つの社会が出現し、人間関係が生じます。

すると、同じ野球好きであっても、〝十人十色〟の言葉どおり、それぞれ性格に違いがあるため、なんとなくウマが合う人とそうでない人が出てくるのは仕方のないことです。

また［シーン⑳］のように、レギュラーを競い合う状況となれば、それまでは仲がよかったにもかかわらず、その関係がギクシャクしてくることもあるでしょう。

負ける選手は、極端な言い方をすると、「あいつがいなければ、俺がレギュラーになれるのに」と**目先の利害に心を奪われ、相手を敵視するようになってしまいます**。そして、ライバルに対して攻撃的な発言をしたり、その反対に、あからさまに無視するような態度を取っているうちに、二人の関係が抜き差しならないものとなってしまうのです。

負ける選手は、「人は独りでは生きていけない」ということを頭では理解しているものの、**人間関係で問題が出てくると、自分のことしか考えられないようになってしまう**のです。

ライバルを敵視しているうちに我を忘れ、修復できない関係に陥っていく

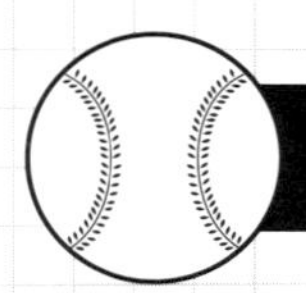

こうすれば勝てる！

“笑顔＋ほめる”で積極的にコミュニケーションを図る

コミュニケーションにおいては、誰もが発信者であると同時に受信者でもあります。発信と受信のやり取りを、あたかもキャッチボールするかのように繰り返すことで、お互いの信頼関係が築かれていきます。

ところが、前述した負ける選手のように、相手を敵視してネガティブな発信しかしないと、受信する側も次第にネガティブになってしまうものです。

こんなとき勝つ選手は、**マイナスの発信を受けても、ライバルを遠ざけるようなことはしません**。なぜなら、**そのような状態を続けていても、お互いに〝百害あって一利なし〟ということを熟知している**からです。

そこで、勝つ選手は、二人の関係を修復するために、**積極的にコミュニケーションを図るように心掛けます**。**このときのポイントは、笑顔で話し掛けながら相手をほめる**ことにあります。

「さっきのプレー最高だったよ」とか「そのプレーはどうすればできるようになるの」といった感じでほめられると、悪い気がする人はいません。

こうした働きかけを根気よく続けていけば、ピリピリしていた二人の関係もそのうち氷解していくものです。

ライバルとは、**憎み合うものではなく、お互いに切磋琢磨（せっさたくま）してレベルアップしていくために存在している**のです。

いつでも「○○しなければ」と考えてしまう……

こんな場面▶ 性格のためか、どんなときでも「○○しなければならない」と考えてしまう。チームメイトからは「窮屈だからやめたほうがいい」と言われるのだが……

負ける選手は、つねになにかに追い立てられている

読者のなかには中高校生の方もいると思いますが、いつの日か学校生活に別れを告げ、社会へ羽ばたくことになります。そして晴れて社会人になると、諸先輩方からいろいろと言葉を掛けられます。

よくいわれる「指示待ち人間になるな」というのもその一つ。「なにか言われる前に自分の頭で考えて、自主的に行動しなさい」ということです。

学校スポーツの現場では、コーチから選手へとトップダウンで命令が下されることが、まだまだ多く見受けられます。

その代表的な例が、「もっと練習しろ!」というコーチの叱咤(しった)です。コーチのなかには、選手のサボり癖を防止するために、「1日練習を休むと、これまでの3日間がムダになる」などと脅す人もいます。

負ける選手は、このように日頃からコーチに「○○をしろ、××はやったか」と命令され続けているため、**「なにかやり残していることがあるかもしれない」「○○しなければ」と、いつも強迫観念にかられている状態**になっています。

コーチに練習をやらされているだけでは、自分なりの目標やビジョンをもつことはできません。**受け身の立場でいるかぎり、いつまでたっても〝追い立てられた感じ〟から逃れることはできない**のです。

受動的な姿勢が身についていて、義務感から「○○しなければならない」と考えてしまう

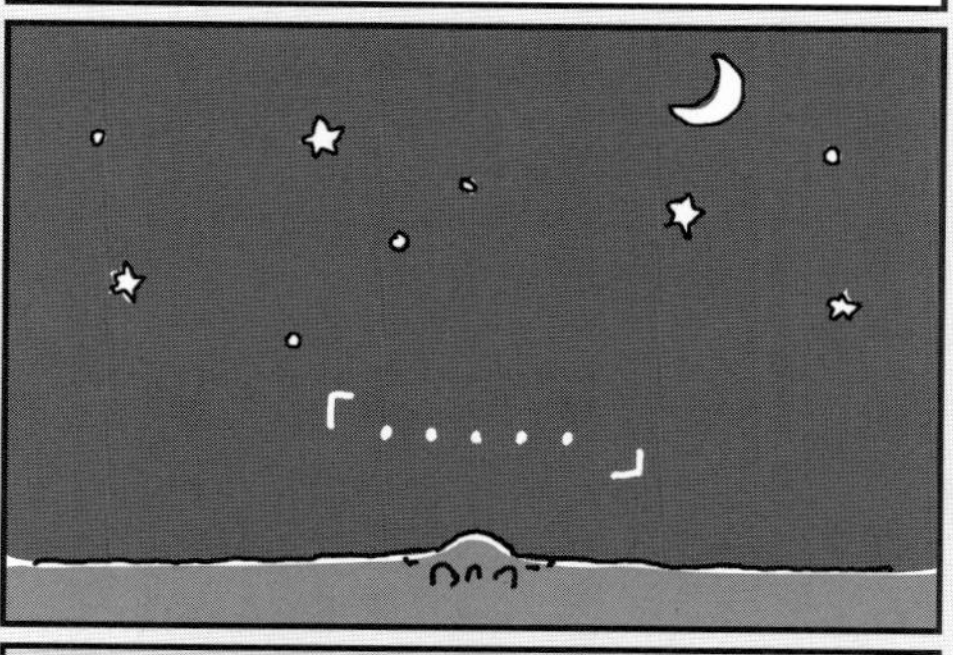

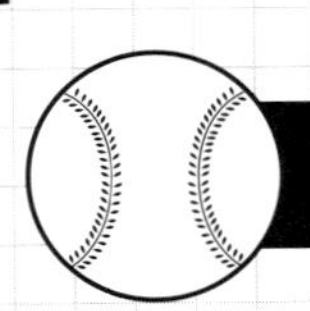

こうすれば勝てる！

「なぜ？」と考えることで能動的に練習に取り組む

突然ですが、読者のみなさんに質問です。〝義務〟という言葉の反対語はなんでしょうか？　即答できた人は国語が得意科目だと思われますが、正解は〝権利〟です。

負ける選手は「○○しなければ」と、あたかも義務を果たすかのように練習していますが、気持ちを180度切り換えて、**「僕には練習する権利がある」と考えてみてください**。それだけで、なんだか力がわいてくるような気がするはずです。

勝つ選手は、**いつも自主的に練習に取り組むよう心掛けています**。そのため、コーチから指示があった場合、なんの疑問ももたずに行うことはなく、**「なぜそうするのか」「どうしてそうなるのか」といったことを必ず自分の頭で考える習慣が身についています**。

こうすることで、**練習を行うときの心のベクトルが、受動的なものから能動的なものへと変化します。コーチの指示をいったん自分のなかでかみ砕いて納得することができれば、そこに新たな目標やビジョンが生まれてきます**。

すると、「○○しなければ」というマイナス思考から、「次は○○するぞ」というプラス思考となり、高いモチベーションで練習に取り組むことができるのです。

目標にしているプレーがなかなかできない……

目標を立てて、それを実現すべく努力しているつもりだが、どうしてもうまくいかない。自分のなかではそのことが大きなストレスに……

負ける選手は、失敗に対して過剰に反応してしまう

野球の技術を磨くため、具体的な目標を立てることはとても大切です。なぜなら、自分が抱えている課題を明確にすることで、「このプレーを習得してみせるぞ」とモチベーションが高まり、練習に取り組む姿勢も積極的なものになるからです。

ここで注意したいのが、**一度にあまり高い目標を設定しない**ということです。たとえば、ピッチャーがスピードボールを投げるだけでなく、制球力をつけ、さらに数種類の変化球をマスターする、といった欲張った目標を掲げてしまうと、達成する前に挫折する可能性が高くなります。

もう一つ気をつけたいのが、**目標達成に向かっているときの〝失敗に対する考え方〟**です。野球中継で、解説者が「この選手は5打数3安打しても、打てなかった打席ばかりが気になってしまうタイプですね」といった発言をすることがありますが、**日本人は〝ネガティブな考え方〟をしがち**です。

負ける選手は、たとえばあるプレーをマスターしようとするとき、6回成功しても4回失敗すると、**ミスしたことばかりを気にしてしまいます**。もちろん状況にもよりますが、基本的にこのようなメンタルでは、**完璧なプレーをしないかぎり「俺はダメなんだ」という思いが募るばかりで、プレーの向上は難しい**といっても過言ではありません。

〝ネガティブ思考〟でミスばかり気にして、自分自身をがんじがらめにしていく

ネガティブ思考とは
大好きな焼鳥が5本

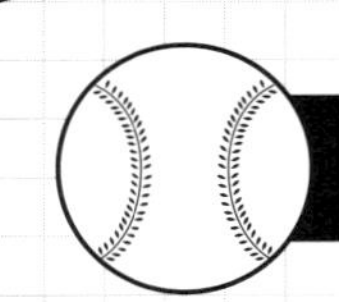

こうすれば勝てる!

"110%の目標設定"と"ポジティブ思考"でモチベーションを高める

目標とするプレーの設定は、自分の実力がどのレベルにあるかを見極める必要があるため、なかなか難しいものがあります。

そこで、ちょっと興味深い実験を紹介することにします。まず、実験対象者に立ち幅跳びを飛んでもらい、記録を測ります。次に、その記録の100%、110%、120%の目標を設定し、2度目の跳躍をしてもらいます。そして、どのパーセンテージが記録更新にいちばん効果的なのかを判断します。

その結果、**110%の目標設定のとき、もっとも記録が伸びる**ということがわかりました。これには、**「少し難しいけれど、がんばればなんとかなりそうだ」という心理が関係している**と思われます。

勝つ選手は、目標を決めるとき、決してムリな設定をすることはありません。なぜなら、**非現実的な目標を掲げると、はじめからあきらめてしまう**ことを知っているからです。

また、勝つ選手は、目標のプレーを習得するための練習で、**"ポジティブな考え方"をする**ことができます。つまり、昨日10回のうち4回しかできなかったことが今日は6回できたなら、**失敗したことを気にするのではなく、成功の数が増えたことを前向きにとらえられる**のです。自分に対してプラスの評価をしていけば、モチベーションは自ずと高まっていくものです。

なんとかして自信をつけたいと思うのだが……

コーチにはよく「もっと自信をもってプレーしろ」と叱咤激励されるが、そう言われても、なにをどうしたらいいのか……

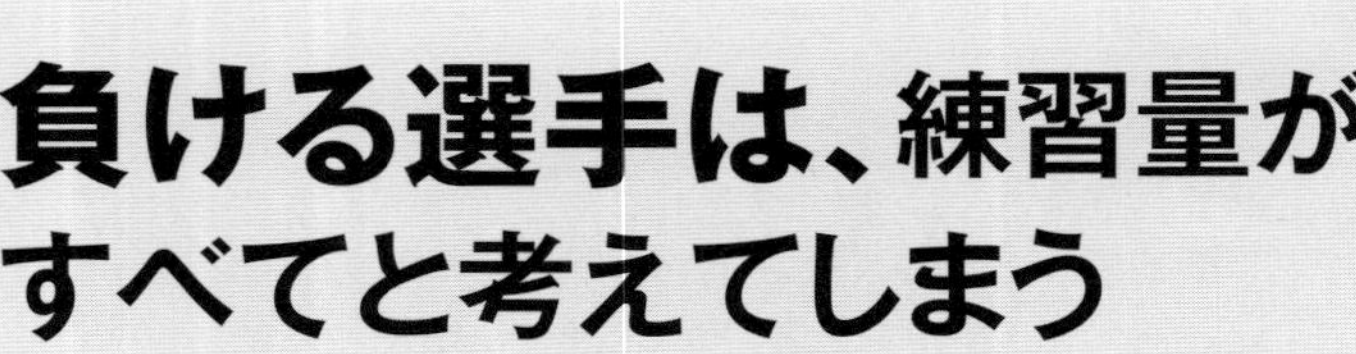

負ける選手は、練習量がすべてと考えてしまう

読者のなかには、試合や練習中に「もっと自信をもってプレーしろ」とコーチから言われたとき、どう対処したらいいかわからず、戸惑いを覚えたことがある人がいると思います。

たしかに〝自信をもつ〟ことはとらえどころがなく、〝自信とうぬぼれは紙一重〟という言葉どおり、一歩間違えばまったく裏づけのない単なる自己満足にすぎなくなる可能性があります。

じつは、**自信とは他人から評価されたときにはじめて自分のものとなる**のです。そのためには、試合で結果を出すのがいちばんなのですが、それにはさまざまな条件が必要になるため、なかなか難しいものがあります。

負ける選手の傾向として、**人より練習量を増やせば、それが自信につながると勘違いしていることが多い**ようです。しかし、その練習方法に問題があった場合はどうなるでしょうか。当然のことながら、**あやふやな練習をいくらしても、実力がつくことはありません**。まさに〝日暮れて道遠し（期限は迫ったのに、完成まではほど遠い）〟ということになってしまいます。

これは勉強にも当てはまることで、たまたま正解することがあったとしても、むやみに勉強を続けているだけでは、決して身につくものではありません。**野球の練習も勉強も、〝どうやるか〟が重要**なのです。

やみくもに練習することで満足して、本当の実力をつけることができない

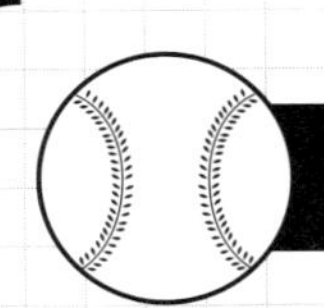

こうすれば勝てる!

考える習慣を身につけ その成果を練習で試してみる

前述のとおり、他人から評価されることで自信がつくとするなら、試合で結果を残すことが最善の方法です。そのためには、自分の実力を向上させる必要があり、最適な練習方法が求められることになります。

勝つ選手は、**自分の実になる練習をすることをつねに意識しているため、練習法について考えることを怠ったりはしません。**

セパ両リーグで、監督として指揮するチームを5度優勝(日本一3度)に導いた野村克也さんは、〝ID野球〟を提唱し、経験や勘に頼ることなく、頭脳を駆使する、シンキング・ベースボールを開花させました。

野村さんの言葉に、「体力、気力はあって当たり前、プロなら知力で勝負する」というものがありますが、**勝つ選手となるための秘訣は、頭を使うことにある**といっても過言ではありません。

そこで提案したいのが、バッティングやピッチングにおいて、**自分なりの理論を打ち立てるつもりで、徹底的に勉強してみる**ということです。

自分の頭で考えたことを練習で試してみて、かりにうまくいったとするなら、そこには**理論という裏づけがあるので、確実に自分の実になっていく**はずです。コーチのなかには、選手に考えることをさせないタイプの人もいますが、つねに考える習慣を身につけることはとても重要です。

SCENE 29 Baseball [練習編❼]

熱くなると、自分で自分をコントロールできない……

こんな場面▶ コーチからよく「野球への情熱は評価するが、自己コントロールが課題だ」と言われる。たしかに、ふだんから気合いが入りすぎると……

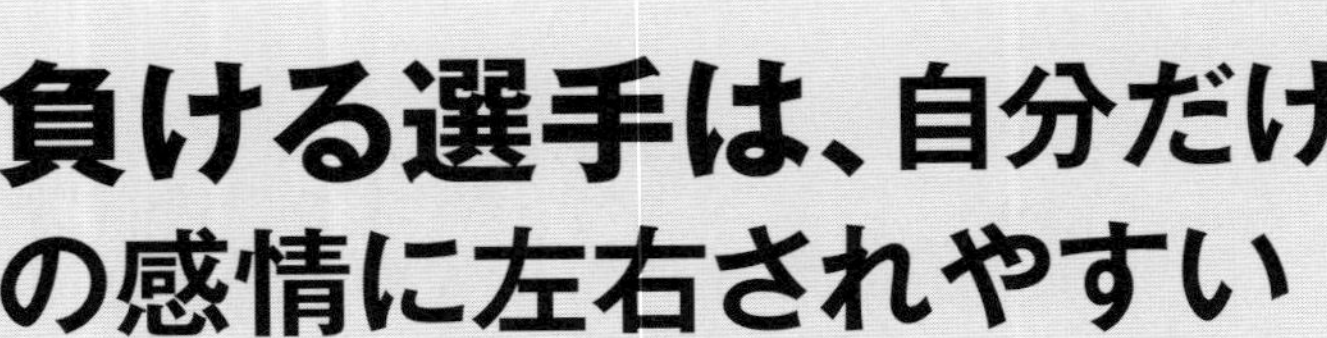

負ける選手は、自分だけの感情に左右されやすい

野球にかぎらず、**自分の感情を上手にコントロールすることは、人間として必要不可欠**です。ところが、ここ数年〝すぐにキレる若者〟が話題となっています。彼らはなんでも「ヤバい」という言葉で片づけようとすることからもわかるとおり、感情を表現するボキャブラリーが不足していて、メンタルでの余裕がないように見受けられます。

負ける選手の行動も、感情に左右されることが多く、たとえば、気合いが入りすぎて熱くなると、**我を忘れて冷静さを失い、思わぬボーンヘッドを犯してしまう**のです。

また、負ける選手のなかには、チームメイトがミスしたとき、どなって責め立ててしまうようなタイプもいますが、このようなケースは論外です。

元メジャーリーガーの松井秀喜さんは、プレーだけでなく、その誠実な人柄でもファンから愛されました。松井さんは、中学2年生のときに父親と交わした約束を守り、野球選手になろうと決めてから、一度も人の悪口を言ったことがないそうです。

これまで、自分をコントロールできずに人を傷つけてしまった経験のある選手は、ぜひこのエピソードを思い出し、同じ失敗を繰り返さないようにしてほしいと思います。

SCENE 29 熱くなると、自分で自分をコントロールできない……

我を忘れて感情のコントロールができなくなり、ときにはチームメイトを傷つけてしまう

①同情もらい泣き型

感情変化 困ったパターンのいろいろ

おとなりの犬が死んじゃって…

それはとても

残念だったね…

こうすれば勝てる！

“自己対話”を習慣化して自分自身をコントロールする

私は、選手に感情をコントロールする方法について話をするとき、「もし、殺したいほど憎い相手がいたとして、あなたは本当にその人を殺しますか」というちょっと突飛（とっぴ）な質問をすることにしています。

すると、選手たちは口をそろえて、「人殺しなどできません」と答えます。その理由は、犯罪者になって刑務所へ入りたくない、人を殺したら人間として終わりだから、などさまざまですが、〝人殺し〟というわかりやすい例を出せば、極めて冷静な判断ができるわけです。

もちろんこれは極端な例ですが、**勝つ選手は理性で感情を抑えることができます**。なぜなら、怒るにせよ悲しむにせよ、**自分の感情をストレートに露出しても、いいことなど一つもないということを知っている**からです。

自分の感情をコントロールするには、〝セルフコーチング〟が効果的です。セルフコーチングとは、文字どおり〝自分で自分を指導する〟ことです。その実践方法は、**自分自身のなかにもう一人の自分（コーチ）をイメージし、心のなかで対話を繰り返しながらコントロールしていく**のです。

たとえば、頭に血が上っていると感じたなら、「なにを熱くなっているんだ」と、自分に語りかけてみます。このように**自己対話することを習慣化していれば、いざというとき、冷静さを取り戻すことができる**はずです。

「リラックスしろ」というコーチの声が重圧に……

こんな場面▶ コーチからよく「練習でも試合でも、もう少しリラックスしろ」と言われる。たしかに、いつでも緊張しているのでリラックスしたいのだが……

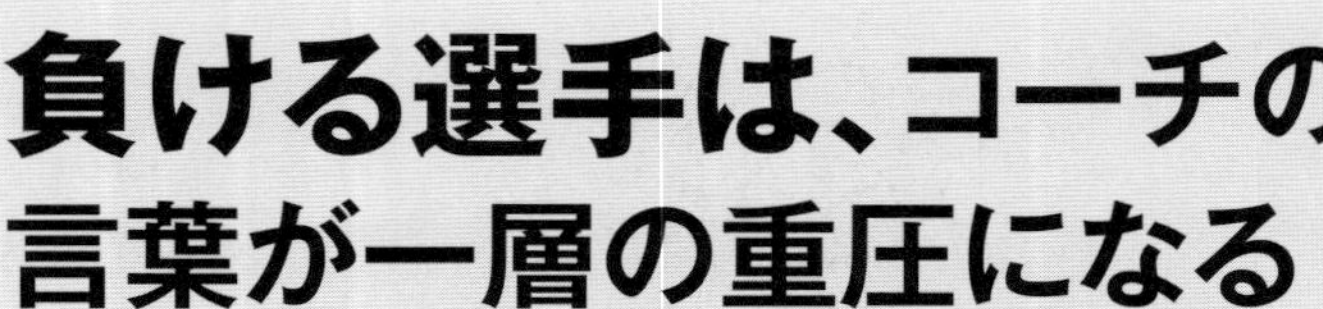

負ける選手は、コーチの言葉が一層の重圧になる

負ける選手は、緊張しているときに、「もっとリラックスしろ」と声を掛けられると、ますます緊張してしまいます。なぜなら、ただでさえ緊張しているところに、**コーチの言葉がさらなるプレッシャーとしてのしかかってしまう**からです。

ただ、このシーンを一歩踏み込んで考えてみると、緊張する選手に問題があるのはたしかですが、じつは、そんな状態の選手に「リラックスしろ」と声を掛けるコーチにも責任があるのです。それは、**自分が声を掛けると選手を追い込む結果になるということに気づいていない**からです。

このように、選手に対して配慮できないタイプのコーチは、学校スポーツの現場でいまだに数多く見受けられます。実際に私は、たえずどなり放しのコーチを目にしたことがあります。**エラー一つで口うるさくまくし立てるコーチが、いくら「リラックスしろ」と言っても、その声は選手に届くはずがありません。**

なかでも、私がもっとも気にかかるのは、「お前はやる気があるのか」というコーチの叱責です。そもそも選手は、やる気があるからこそグラウンドに来ているわけですから、ちょっとミスしたぐらいで〝やる気がない〟という烙印（らくいん）を押されたのでは、たまったものではありません。

SCENE 30 「リラックスしろ」という
コーチの声が重圧に……

コーチの日頃の態度や言葉がネックになって、「リラックスしろ」がさらに選手を追い込んでいく

こうすれば勝てる！

“声掛け”が逆効果とならないように選手の技術や性格を考慮する

これまで29種類のシーンを取り上げ、勝つためのアドバイスをしてきましたが、この項目では、コーチを中心にした提言をすることにします。

まずは選手に対して。勝つ選手は、自分が緊張しやすいタイプであることを認識している場合、**それに対処するためのトレーニングをするなど、自己改善する努力を怠りません**（シーン⑭、152ページ参照）。そのため、コーチから「リラックスしろ」と言われたとき、リラックス法を実践して緊張をほぐすことができます。

一方、ふだんから選手への指導方法に細心の注意を払っているコーチなら、選手が緊張している場面で、逆効果となるような言葉を掛けることはありません。なぜなら、**選手の体力や技術をはじめ、知力や性格などを考慮しながら、それぞれの選手にマッチした指導を心掛けている**からです。

さて、コーチの役割は、いうまでもなく“選手の力を引き出すサポートをすること”です。これに対して日本のスポーツ界では、まだまだコーチが選手をいろいろな意味で指導しすぎる傾向にあるように感じます。

選手の力を伸ばすための最適な方法は、“選手自身に考えさせる機会を与えること”だということを、そろそろスポーツ界全体で真剣に考える時期に差しかかっているのではないでしょうか。

第4章

ふだんからできるメンタル強化法

プラス思考の実践

プラス思考、マイナス思考という言葉を聞いたことがあると思います。マイナス思考とは、簡単にいうと、何かをする前から失敗に対する〝心の準備〟をしておこうとすることです。「どうせうまくいかない」と事前に予防線を張っておけば、実際に失敗しても「やっぱり思ったとおりだ」と自分を納得させやすいのです。

マイナス思考が強い選手は、よく「どうせ自分は○○だから」という言い方をします。これは自分の能力を否定する言葉ですが、最初からこのような気持ちでいたら、実力を出しきることはできないでしょう。

一方プラス思考は、物事をプラスの側面でとらえる思考法で、ピンチをチャンスに変える力があります。

実践にあたっては、次の点がポイントになります。

❶ 接続詞〝でも〟を用いてプラス思考を促す

プラス思考の基本は、成功したら自分の力、失敗したら自分以外の要因だと考えることです。といっても、自分がミスをしておきながらいきなりプラス思考にもっていくのは難しいので、接続詞〝でも〟を用いて、一度ニュートラルな状態をつくります。

たとえば、自分のエラーが原因で一打逆転のピンチを招いたとします。このとき〝でも〟を用いてこう考えます。「でも、次に自分のところに打球が来たら、ダブルプレーで切り抜けてやる」。このように考えることで、ピンチをチャンスに変えることができます。

❷ マイナス思考をチェックする

ふだん意識してプラス思考になるように努めている選手も、心理的に追い込まれるとマイナス思考に走ってしまうことがあります。これを防ぐためには、自分の気持ちを声に出すことを習慣にしておきます。もし「ムリだ」「どうせだめだろう」などのネガティブな言葉が出てきたとしたら、マイナス思考になっている証拠です。また、それらの言葉を耳にしたら注意してくれるように回りの人に頼んでおくのも、マイナス思考をチェックするよい方法です。

❸ 強いプラス思考の力でマイナス思考を解消する

マイナス思考から抜け出せないときには、強いプラス思考の持ち主と話をするようにします。ここで注意したいのは、マイナスのエネルギーはプラスのそれよりも強いので、少しのプラスでは逆にマイナスに引っ張られてしまうということです。自分とは正反対の超プラス思考の人と話をするようにしましょう。

❹ "長期的な視野"を強く意識する

たとえばミスを連発してポジションを変えられた場合、「自分には能力がないんだ」とマイナス思考に陥ったらそこからはなにも生まれませんが、プラス思考で練習にはげめば、新しいポジションでレギュラーになれるかもしれません。考え方一つで、その後の展開が全然違ったものになるのです。

気持ちを切り換える

試合中ミスをした選手に、回りの選手が「ここからだ、切り換えていこう!」と声掛けしている場面を目にすることがあります。

ミスした選手は打ちひしがれていて、その声が届いていないように見えることもありますが、この〝気持ちを切り換える〟ということは、とても重要なメンタルの作業です。

なぜなら、「またミスを繰り返してしまうかもしれない」という不安をそのままにしておくと、次に同じケースになったときに反応が鈍って、再び同じミスをしてしまう可能性が非常に高いからです。そのような悪循環に陥らないためのポイントは、次の４つです。

❶ ミスしたときこそ、堂々とした態度を心掛ける

ミスをすると、誰でも落ち込んだ表情になるものですが、そのままでいると〝弱気の心理〟を助長することになります。それをさせないのが〝堂々とした態度〟です。背筋を伸ばして上を向いた姿勢が、〝不安→消極的な心理〟という負の連鎖を断ち切るきっかけになります。

❷ ミスしたイメージを成功イメージに変換する

ミスをしたとき、とくに留意しなければいけないのが〝マイナスイメージ〟を払拭することです。なにもしないでおくと、潜在意識にはマイナスイメージだけが残り、再び同様のミスをする可能性が高まるため、これを〝成功イメージ〟に変換しておく必要があるのです。

ミスした直後のタイミングで、ミスしたプレーをイメージのなかで成功したように変えておきます。５、６回成功した姿をイメージすると、ミスしたイメージを弱めることができます。

❸「ミスした分は自分で取り戻す」と考える

ミスしたことばかりを考えていると、心が後ろ向きのままで前に進むことができません。それは有害無益なので、「ミスした分は自分の力で取り戻す」と考えて、意識をミス以降の先のことに向けます。

たとえば、残りの打席で必ずヒットを打つ、打球が飛んできたらファインプレーをするなど、これからのプレーに意識を向けることで、失いつつあった集中力を高めることができます。

❹〝タイム〟によって試合の流れを引き寄せる

試合には必ず〝流れ〟があります。この流れはミスによって大きく左右されます。ミスをした側は心理的にダメージを受け、反対に相手は「この機に乗じて」と積極的に攻めてきます。

これを止める有効な手段がタイムです。相手が流れをつかむ前（自分がミスをした直後）にタイムをとることで、自分（自チーム）の気持ちを切り換え、相手に行きかけた流れに歯止めをかけることができます。

リラックスする

試合に臨むときの心理状態について、多くの人が〝緊張=×、リラックス=○〟と考えるようですが、完全にリラックスした状態がベストなのかというと、決してそうではありません。じつは、適度に緊張もリラックスもしているのが、理想的な心理レベルだといわれています。

この状態をつくるのは非常に難しく、「緊張しすぎて実力を発揮できない」という人が大多数なので、ここでは〝緊張の緩和=リラックスするための方法〟をいくつか紹介します。

❶イメージによって緊張に慣れる

みなさんも経験があると思いますが、人は同じ場面を何度か経験すると、徐々に緊張しなくなるものです。そこで、イメージのなかで緊張状態を体験して、本番に備えるようにします。たとえば、1点リードして9回の守りにつき、ワンアウト満塁のピンチを迎えている場面、逆に1点負けていて9回の攻撃、ノーアウト満塁で自分に打順が回ってきた場面など、できるだけリアルに自分がどうするかを想像してみます。

テレビなどで野球観戦するとき、ピンチの場面の選手を自分に置き換えてイメージしてもいいでしょう。

❷リラックスできる呼吸法

リラックスする呼吸法として丹田（たんでん）腹式呼吸法があります。これは、余分な力が入らない状態で次のように行います。①7つ数えながら鼻（口でも可）からゆっくり息を吐き出す。体内のマイナスエネルギーや不安、恐怖をすべて出しきるイメージで。②7つ数えながら鼻からゆっくりと息を吸い込む（お腹をふくらませる）。プラスのエネルギーや活力源を取り入れるイメージで。③取り入れたものを丹田（へそ下9㎝くらいの場所）

に貯め込むイメージで5つ数えながら息を止める。

これを繰り返しつつ、体全体がマイナスからプラスのエネルギーに入れ換わるところをイメージします。

❸試合前の緊張を緩和する方法

試合直前には、「この試合の結果で自分の人生が決まる」というくらいプレッシャーを感じています。これをやわらげるために、試合以上に過酷な状況をイメージします。たとえば、両親や兄弟、大切な人が亡くなってしまった場面、いまの生活を続けられなくなる場面など。そうすることで、「これに比べたら試合なんて大したことはない」と感じられるようになります。

❹本番前に120%の力でプレーする

緊張しているときには、とにかく〝力んでしまう〟もので、力むと筋肉の瞬発力や調整力が低下します。これを防ぐために、本番前の練習などで120%くらいの力を入れてプレーしてみます。何度か繰り返すうちに余分な力が抜けるようになり、体の緊張がゆるむと同時に心もリラックスできます。

自信をもつ

「自信をもって」とはよく使われる言葉ですが、みなさんが本当に自信をもてるのは、どのような状態のときでしょうか。

「自分はできるかぎりの練習をこなしてきた」という練習の量と質、「自分はできるんだ」と思える成功体験（他人の評価）など、確固とした根拠があり、かつ自分がそれに納得できているときではないでしょうか。

ここでは、自信をもつためのポイントをいくつか上げてみます。

❶自信の根拠となるものを用意しておく

自信をもつためには、なによりも自分自身が納得できることが第一です。そのためには言葉だけでなく、目に見える具体的な形が必要になります。

たとえば、練習日誌などに毎日の練習の様子を記しておけば、それを見て「自分はこれだけの練習を積み上げてきたんだから大丈夫」と、確信をもてるはずです。日誌という自分ががんばってきた証（あかし）が、自信の根拠となっているのです。

❷〝できないこと〟よりも〝できたこと〟に目を向ける

これは指導方法にも関わることですが、自信をつけるためには〝できないこと〟よりも〝できたこと〟に注目するようにします。たとえそれが小さな成功体験であっても、「努力することでできるようになった」という気持ちの積み重ねが、大きな自信に結びつきます。チームとしても、ふだんから選手がお互いをほめ合えるような環境をつくっておくといいでしょう。

❸前に勝ったときと同じ状況を演出する

個人として、あるいはチームとしてどうしても自信がもてないときは、以前勝ったときと似たような状況をつくってみます。

その試合についてのデータ（試合前の様子、行動、心理状態など）があるといいのですが、ない場合はそのときの状況を思い出して、印象的なことを書き出します。たとえば、「あのときはゲーム展開のシミュレーションを入念に行った」「あのときは試合前日に一人ずつ大きな声で決意表明をした」などがピックアップされたとしたら、それと同じ状況をつくり出します。

以前勝ったときの心理状況を思い出しながら似た行動をすることで、「あのときと同じだ。今回もいけるかもしれない」という気持ちになってきます。

❹試合直前は短所の克服より長所を伸ばす

本番の1週間くらい前からは、短所の克服より長所を伸ばす練習を中心にしたほうがいいでしょう。不得意なプレーの修正や苦手の克服は、それ以前にクリアしておくべきテーマです。

短所に固執して焦る気持ちを大きくするより、長所をさらに伸ばして自信をもって本番を迎えるほうがいいのです。

イメージトレーニングを活用する

イメージトレーニングという言葉は、スポーツ界だけでなく一般的にも広く知られるようになりました。イメージトレーニングは、実際に体を動かすことなく、動作している自分を想像することで技術を向上させるトレーニングです。

文字どおり〝イメージ〟をトレーニングに活用するわけですが、大切なのはイメージがあいまいでは効果が上がらないということです。ポイントは次のとおりです。

❶イメージの鮮明度を高める

イメージトレーニングでは、〝イメージの鮮明度とリアリティ〟がとても重要になります。したがって、日頃からより具体的にイメージする力を養うことを意識しましょう。

たとえば、手に暖かいものや冷たいものをもったところを想像します。このとき、イメージの鮮明度が高ければ手にそれらの温度を感じることができます。同様に、梅干しなどの酸っぱいものを口に含んだ場面を想像した場合、唾液が出てくるようになります。

このように、日頃から生理的な反応の有無などを通して、自分のイメージの鮮明度をチェックするようにします。

❷イメージトレーニングのバリエーション

ある動作をよりいい形でイメージするために、その動きと似ている別の動作をイメージする方法があります。たとえば、バットスイングであれば、コマが軸を中心にしっかりと回っているところ、バッティングでタメをつくる感覚は、弓を思いきり引いて矢を放つところをイメージするといった具合です。

また、ある動作をイメージするときには、表面の動きばかりに意識が向きがちですが、同じ動作であっても、筋肉の使い方次第で大きな違いが出てきます。そこで、その動作を身につけるためにはどの筋肉をどのように動かせばいいかを全身の筋肉図によって確認して、表面だけでなく筋肉レベルでイメージするようします。

筋トレも、鍛えたい筋肉が最大限に鍛えられているところをイメージしながら行うとより効果的です。

❸メンタルリハーサルで本番に備える

メンタルリハーサルとは、試合前に予想できるいろいろな場面や展開を、イメージのなかで疑似体験しておくことをいいます。たとえばVTRなどによって対戦相手のピッチャーの球速、決め球、投球パターンなどを確認し、自分ならそれにどう対応するかを具体的にイメージします。

こうしておけば、本番のとき「これはイメージのなかですでに体験済みだ」と思うことができ、あわてることなく冷静に対応することができます。

チーム力を高める
36の練習法

本番で全員が実力を出しきる
ための組織づくり

〝チーム力をアップさせる〟ためのユニークなオリジナル練習法を写真とイラストでわかりやすく紹介！　楽しみながら、必要なスキルを身につけてください。

本番で全員が実力を出しきるための組織づくり
チーム力を高める
36の練習法
スポーツメンタルトレーナー
高畑好秀
すぐに使える！　そのまま使える！
How to improve team power

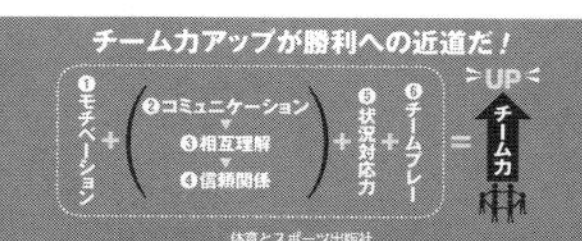

スポーツメンタルトレーナー
高畑好秀 著
A５判・152頁・1600円（税別）

〈本書の特徴〉

❶すぐに使える！　そのまま使える！　アイデア練習法を紹介

❷「メニューの設定」「メニューのねらい」「メニューの手順」「メニューの解説」でやり方を丁寧に説明

❸「Point & Advice」でポイントと応用法をズバリ指摘！

① モチベーションを高める
② コミュニケーション力をつける
③ 相互理解を深める
④ 信頼関係を築く
⑤ 状況対応力を磨く
⑥ チームプレーを意識する

■著者プロフィール

高畑好秀（たかはたよしひで）

1968年、広島県生まれ。早稲田大学人間科学部スポーツ科学科スポーツ心理学専攻卒。日本心理学会認定心理士。同大学運動心理学研究生修了の後、数多くのプロ野球、Jリーグ、Vリーグ、プロボクシング、プロゴルファーなどのスポーツ選手やオリンピック選手などのメンタルトレーニングの指導を行う。現在、千葉ロッテマリーンズ、日立製作所野球部のメンタルコーチ。日本コンディショニング＆アスレチック協会公認スポーツ心理学講師、NPO法人コーチズのスポーツ医科学チームリーダー、スポーツ総合サイトチームMAPSのスポーツ医科学チームリーダーを務める。スポーツメンタル、ビジネスメンタルに関する著書多数。また、テレビやラジオ、さまざまな雑誌、講演（企業、オリンピック協会、各種の競技連盟、高校野球連盟、各県の体育協会など）を通してメンタルトレーニングの普及に努めている。

◉制作スタッフ

◎企画・編集　美研クリエイティブセンター（Bcc）
◎編集協力　小口透
◎カバー・本文デザイン　里村万寿夫
◎カバー・本文イラスト　糸永浩之

野球 こんなときどうする？

検印省略　Ⓒ　Yoshihide Takahata　2016

2016年1月25日　初版第1刷発行

著　者　高畑好秀
発行人　橋本雄一
発行所　株式会社体育とスポーツ出版社
〒101-0054　東京都千代田区神田錦町1-13宝栄錦町ビル3F
ＴＥＬ　03-3291-0911（代表）
ＦＡＸ　03-3293-7750
http://www.taiiku-sports.co.jp
印刷所　美研プリンティング株式会社

乱丁・落丁はお取り替えいたします。
定価はカバーに表示してあります。
ISBN978-4-88458-268-5　C3075
Printed in Japan